'DESPROGRAME-SE'

poemas, frases e pensamentos para libertar a sua mente

A reunião de uma série de poemas, frases, contos e pensamentos ... escritos em rascunhos, e anotações, que tenho desde os anos de 1990 ...

Alguns textos que agora pertencem a esse livro já havia sido publicado na web; mas a maior parte do conteúdo é inédito; o qual compartilho agora com você, através dessa obra, um coquetel literário escrito ao passar das décadas, até chegar aqui ...

São textos para acalmar, fazer pensar, refletir, sonhar, viajar e desprogramar a mente; libertar da velha mídia, que, as vezes, só empurra conteúdo tóxico para dentro das nossas cabeças.

Muita gente não se toca de que o dispositivo eletrônico que usa, seja qual for, é uma janela para dentro das nossas casas, e da nossa própria mente ... a maioria das pessoas já está cansada de conteúdos tóxicos, notícias falsas e lixo digital ...

É uma questão de 'internética', ou seja, de ética dentro da internet, propagar e difundir conteúdo libertador. Então, abra e liberte sua mente. Leia e desprograme-se, ou desprograme-se antes de ler ...

Ronald Sanson

Sumário

Poemas Místicos

Caminho feito de flores,

presença de boas vibrações,

centelha de amor,

que abrasa a Terra.

Alimento espiritual,

de beleza, paz, amor e alegria.

—

Solstício de Verão,

estação de abundância.

Nele vem uma nova década,

anúncio de uma Nova Era.

A beleza das orquídeas,

aquece o coração.

Os pássaros são
as mais belas
manifestações
da vida!

Nos encantam
com seu canto,
nos maravilham
com as cores
de suas plumagens.

Os passarinhos
são um colírio
para os olhos,
mantenedores da natureza.

Semeiam vida
por aí,
semeiam vida
por aqui,
trazem esperança.

O Universo

é como um verso
dentro do multiverso.

Está dentro de nós,
refletindo fora
o que está dentro.

O que vemos
são versos infinitos
da linguagem astral.

Hologramas atômicos,
que vibram e pulsam,
na percepção da visão.

Sentimentos,
não manifestos,
de versos celestiais.

Basicamente,

somos feitos

de

poeira

estelar

Então

pergunto

às estrelas,

que

se iluminam

ao

final do dia

Algum dia,

cada um

de nós,

poderá

realmente

encontrar

a sua?

Como a luz,

que ilumina

emitindo fótons

que dissipam

a escuridão,

também iluminamos

a vida,

o agora,

o então.

A luz ilumina

o caminho,

abre portais,

aguça a percepção.

Luz é magia,

porque aquela,

que te ilumina,

também te guia,

abrindo portais,

somos iguais.

Não sou apenas

um perfil,

tem uma pessoa aqui,

que olha

a tela,

de mãos no teclado.

Sem intenção,

vou na percepção,

tento ganhar

a vida,

antes que

ela me ganhe.

Amo a poesia,

de palavras em rede.

Literatura e cultura,

clássica e popular,

chegam ao seu olhar,

enquanto são digitadas . . .

Presença é gratidão,
manifesto de abundância.

Pensamento vago,
crio uma vaga no pensar.

A flor existe e é bela,
sendo apenas o que é.

—

Canteiro florido,
todo de vermelho.

Germinado da terra,
floresce igual raios de sol.

Espetáculo de cor viva,
vida rejuvenescida.

Embelezando o jardim,
traz pureza à vida.

Em janeiro temos,

dia de Santos Reis.

Inverno

no hemisfério norte,

verão

no hemisfério sul.

Baltasar,

Gaspar

e

Melchior,

magos do oriente.

Renasça cada dia,

na paz e no amor

do Cristo Cósmico.

Em todas as estações,

a humanidade de mãos dadas.

Vivendo a semear,

a natureza

do Criador.

Todo dia,

um novo reinício.

Acordamos

e vivemos,

com esperança renovada.

Rumando

em direção ao futuro,

vivendo o presente.

Nos conectamos com o agora,

Expirando . . .

Inspirando . . .

Desapegando-se

do que se foi,

sem preocupação

com o que virá.

Gratidão pela vida,

é viver

o momento . . .

Luz solar,

emanando

em ondas.

Tudo acaricia,

tornando

o mundo visível.

Cachoeira

de fótons.

Reflexo

na visão.

Jogo de luz

e sombras,

que é percepção

da natureza.

Tudo é belo

e vira arte,

no fluxo

da luz do Sol.

Imensidão Azul

Contemplando
o grande azul,
nossas almas lembram
milagres da vida.

Toda vida vem do mar,
toda vida que vemos,
nas águas antigas,
nasceu.

Mãe de todos nós,
mãe generosa,
matriarca,
geradora de boas vibrações.

Os sentidos se aquecem,
refrigerando a alma,
o mar nos traz,
um oceano de paz e amor.

Ano Novo

Luz vindoura do sempre,
cegando o passado como o Sol,
nada se pode ver.

Tenho colírio nos olhos . . .

Enxergo o porvir,
o futuro não se pode tocar,
temos em nossas mãos o que fazer,
fabricando o que será amanhã.

Vida cheia de surpresas,
amargurados pelos sentidos,
não sentimos mais nada,
fabricamos o futuro.

Nada adianta com o destino traçado,
desviamos do caminho,
estradas sem encruzilhadas,
feliz ano novo que vai nascer.

Ventania

Silfos que comandados comandam,
esteja meu peito soprando,
brisas de verão ventando,
transforma-se o furacão em tormenta.

Por referendo celestial,
as nuvens quebram-se em tempestade,
o peito rasga e um tornado surge,
sopra suave na praia.

Litoral da existência,
suave e benevolente como criança,
bate em desespero arrancando a vegetação,
da garoa vem uma tempestade.

Prenúncio do tempo,
não sabemos o que virá,
o firmamento escurece como breu,
novamente o Sol brilha sem ofuscar,
dentro do peito.

Dezembro!

Ventos de Iansã,
encontram
águas de Oxum.

Eparrei Oyá!
Aiê Iê Ô!
São as Yabás
vindo anunciar,
o Natal de Oxaguian,
a festa de Iemanjá.
Oxalá Babá!
Odoiá!

Num barravento,
tudo pode mudar,
e no Ano Novo
Oxalá é quem pode vir,
para amar,
apaziguar e reinar!
Epa Babá!

Dia de solstício

Semana de Natal,
época de renascimento . . .

Duas estações,
Um só planeta.

Um só coração,
em ressonância
com o Universo.

Vem a nova década,
que é promessa
de paz na Terra.

Uma Nova Era
está nascendo,
ao renascer da esperança
de um mundo melhor
em cada um de nós . . .
Ame!

Meditação

Antes de ler
cada parágrafo,
inspire profundamente,
prenda o ar,
enquanto lê,
conte mentalmente até quatro,
e lentamente expire . . .

Tudo que é finito,
contém o infinito.

No infinito,
vive tudo que é finito.

Mente vazia,
percepção dos sentidos.

A razão em existir,
está no eterno agora.

Melhorou?

Pensamento vazio

Presença

na ausência.

Manifestando

o não manifesto.

Acontece

e cria-se.

De repente

assim aparece.

Uma flor

em nosso caminho.

—

2 haicai, de 2 passarinhos

Festa na mata.
Nos olhos do pássaro,
reflete-se a cascata.
—

Lindo beija-flor.
Polinizando flores,
renova vidas.

Condições do tempo

Seja dia
de Sol ou de chuva,
noite
quente ou fria,
nublada
ou de luar.

É tempo
de amar, abraçar,
beijar, perdoar...
O tempo
é de viver,
e deixar viver.

Porque ninguém
pode prever
o dia, em que,
o Sol e a chuva
não vai mais sentir,
ou ver a lua brilhar.

Preto-velho,

Espírito cultuado
na Umbanda,
religião nascida
no Brasil

Cuida de mim,
cuida de nós,
cuida desse povo
tão sofrido . . .

A escravidão,
para muitos continua . . .
Escravidão moderna
onde se trabalha
apenas por moradia e pão.

Te escrevo,
meu bom velhinho,
um poema,
em forma de oração,
pedindo a tua proteção.

Chove lá fora,

chuva de inverno,

gelada, se precipita,

abençoando a terra,

com as folhas a tilintar.

Chuva fria,

de noite faz parecer

o dia.

Em casa,

olho pela janela . . .

Depois de fazer

a minha oração,

peço perdão,

poderia abrigar

os que estão no frio.

Mas não tenho como,

então os abrigo em

meu coração,

pensando nela

em meio à multidão.

O coração de poeta,

nunca se aquieta,

sente-se perfurado

pela ponta d'uma seta.

Flecha ou seta?

Seta na flecha?

Acertou meu peito,

de pessoa estabanada.

Mas dá nada . . .

Arranquei ela,

numa só puxada,

numa tragada.

Quer saber

um segredo?

Para não sofrer,

nem doer.

Coloque seu coração

em um cofre,

e, guarde bem, a chave . . .

Natureza,

bioma,

ecossistema . . .

Temos,

por acaso,

três corações?

Da natureza

vem,

tudo que nos sustém.

Quem tem

coração,

tem ou não tem.

Não temos um

para os animais,

outro para as pessoas

outro para a natureza . . .

Ou se tem coração,

ou não se tem.

Resistência,

é força,

é resiliência,

é superação.

Mais o que é isso?

Companheiro,

companheira.

Irmã e irmão.

Vamos deixar,

nos colocarem,

de cara

no chão?

Você gosta

de fazer flexão?

Eu não,

mas gosto de inflexão.

Chega uma hora

que não dá mais,

deixar ralarem,

nossa cara no chão.

Frases para Refletir

Para que a luz interior brilhe,
antes você precisa silenciar sua mente.
Só então o sofrimento cessa
e a sabedoria infinita da vida se revela.

—

Nós não temos mais ou menos tempo,
temos e teremos todo tempo do mundo.
O tempo está ao lado de quem não o mede,
há tempo certo pra tudo.

—

A revolução não é sobre
colocar um tipo diferente de pessoa no poder,
mas um tipo diferente de poder nas pessoas.

Todo dia é um bom dia,

porque entre uma e outra xícara de café,

sempre tem uma noite

unindo um ao outro.

—

Não, não é obrigatório,

nem toda mente é tacanha.

—

Não seja ordinário,

seja revolucionário,

não há nada mais libertador

do que a revolução!

—

Nada se cria,

nada se copia,

tudo se transforma.

Ou nós, do povo,

fazemos alguma coisa
e nos fazemos ser ouvidos,
ou não haverá um futuro
para o futuro.

—

Hoje informação vale mais que dinheiro,

porém,
para informação ter poder e valor,
ela precisa primeiro
ter por onde fluir.

—

Enquanto houver

um homem explorado,
segregado, cativo ou manipulado,
homem algum
será verdadeiramente livre.

Há pessoas que são contra

as técnicas psicológicas,
mas, se todas as ações e interações humanas
são de natureza psicológica,
o universo é mental.

—

Quem se submete
à crença religiosa ou psicologia alheia
será sempre escravo
da crença e da psicologia dos outros.
Acredite em sua própria religião,
em sua própria psicologia,
liberte a sua mente.

—

A vida é boa para quem sabe viver
e, através da fé,
tem a certeza de que ela é eterna.
Do pulsar do plano espiritual
é que emana todo o Axé.

Boa noite Maria.

A noite de hoje

e madrugada de amanhã

é só paz,

amor e alegria

para que o Verbo Divino

nos complete

com sua LUZ.

—

Nunca pare de olhar para cima.

Faça uma pausa,

olhe para o céu

e dê asas à imaginação.

Há magia sem fim,

esperando,

para ser descoberta.

Viva eternamente

a inspiração
dos momentos perfeitos.

—

Para ter

inspiração constante,

você deve

estar envolvido, profundamente,

na conexão infinita,

com o momento presente.

—

Se permita

aprofundar-se

em seus sentimentos,

para poder

interpretar melhor

sua comunicação

com o seu próprio espírito.

Viva

com atenção plena,

isso evitará

uma série de problemas.

—

Combine

inspiração,

e, expressão,

como

uma só coisa.

—

O passado

é um obstáculo

à grandeza,

que nos vincula

aos

padrões,

do momento

presente.

Aprofunde-se

na Unidade da matéria,

através

da espiritualização plena

da

sua própria alma

—

A responsabilidade

pessoal

traz liberdade,

pois, com ela,

vem mais

autodeterminação.

—

Não existe

um plano estabelecido,

para criar um sistema,

à qual a vida deva aderir.

A expressão de deleite

em seu próprio ser,

despido do ego,

é uma sinfonia espontânea.

—

Aprenda a expressar-se,

também,

a partir do gênio

incomensurável,

de conhecimento

sem esforço,

que habita

em seu interior.

—

Reconheça os opostos

como um contraste artístico,

do espetáculo teatral,

que é vida.

Como o cosmo é benigno,

em verdade só existe um lugar,
onde a coragem se aplica.
Em viver com sua base firmada
numa honestidade implacável.

—

Não apenas coloque em Deus

todas as suas esperanças,
também as entregue, todas para Ele.

—

O poder está

em ordenar-se
com a Vontade Divina,
que é o alinhamento,
com a Intenção Infinita
do Universo.

—

Um mestre com autenticidade abraça a vida.
Torne-se a fonte da perfeição revelada.

Cada pessoa é perfeita,

tem um dom especial,

para uma função única.

—

Liberte-se

da escravidão,

da lei da compensação.

—

Libere

a necessidade

de certeza.

—

A cada pôr-do-sol,

a certeza,

de que amanhã,

será um novo dia.

Pensamentos

FOFOCA

Faladores

Oprimem

Felicidade

Originalidade

Camaradagem

Amor

Anagrama dedicado a todos os fofoqueiros e fofoqueiras de plantão ... gente má, que de maneira irresponsável, e, patológica, se diverte causando grande estrago - por vezes até irreparável - à vida das pessoas. Saiba você o óbvio: que se alguém fala mal de alguém para você, com certeza também vai falar mal de você para outras pessoas.

Não esqueça de uma coisa: FOFOCA é coisa de gente maliciosa, que têm a vida mal resolvida, e que sente prazer em destruir reputações. É gente que tenta acabar com uma concorrência que eles próprios, de maneira doentia, criam mentalmente. Se afaste de gente fofoqueira, pessoas assim, quando isoladas, pouco ou nenhum mal pode fazer.

Agora

Como você está se sentindo agora?
Você poderia se sentir melhor?
Bem, então, faça o que é preciso
agora
para se sentir melhor.

—

Na insônia

Relaxe, medite com atenção à respiração.
Esvazie a mente,
deixe as bolhas de pensamento
se dissolverem na vastidão profunda
do oceano cósmico interior.
Essas bolhas se formam na superfície,
na profundidade elas não existem.
Aí, uma meditação,
uma oração
    e bons sonhos . . .

À noite

A noite nada mais é
que um lapso de tempo . . .

quando acordamos
de manhã,
devemos,
em primeiro lugar
agradecer,
de todo o coração,
por outro dia.

Porque
se de noite sonhamos,

é de dia
que fazemos
nossos sonhos
se tornarem
realidade.

A beleza das flores

Que a beleza das flores

complete nossas vidas com alegrias.

Sua suavidade

enche nossos corações

de paz e ternura.

Aproveite seu dia!

Irradie

sempre paz e amor,

que farão de todos os dias,

dias mais floridos, e felizes.

—

Creia em seu trabalho árduo, ele destranca portas invisíveis que você ainda não pode ver.

Não gaste energia se preocupando em como as coisas vão funcionar, use-a para crer e agir.

Creia profundamente, até que o não manifesto se manifeste para você. O Universo ama quem crê. Deixe-o te guiar, e o trabalho irá frutificar

No eterno devir, trabalhe e deixe a vida fluir.

A mente decide se vale a pena realizar uma ação com base na avaliação da experiência passada. O passado não existe como real; tudo o que existe é o eterno agora.

A vida muda de forma exponencial conforme o momento presente flui. A previsibilidade linear do resultado, a longo prazo, é praticamente impossível.

—

Uma coisa que meditação proporciona e a gente tem que exercitar, é não criar expectativas.

Tenha fé, sonhos, esperança, mas sem criar expectativa. Não criar expectativas talvez seja um dos pilares básicos para alcançar a paz de espírito.

Quando não criamos expectativa, tudo que chega até nós, por mais simples que seja; como um simples momento de contemplação da natureza, um pássaro cantando ou um botão de flor desabrochando, animais brincando, já são motivo de alegria.

Expectativa só gera aflição, fazendo a gente viver na ansiedade por um futuro que ainda não aconteceu, assim o presente vai passando sem a gente perceber, sem viver a bênção do agora. Não esperando nada, já temos tudo dentro de nós mesmos, aqui e agora. Em realidade, tudo o que precisamos, já existe em nosso interior.

Todo ser finito faz parte do infinito e todo ser finito tem o infinito dentro de si. O infinito se manifesta dentro de nós como um vasto oceano cósmico e nossas sensações, pensamentos e sentimentos são como bolhas que formamos na superfície dessa vastidão.

O sentimento dentro do seu peito, os pensamentos que vagam em sua mente ... tudo tem relação com vínculos de afinidade, visível e invisível, que você imanta ao reviver ecos do passado. Perdoe, perdoe-se, esqueça. Deixe o passado ir e conecte-se com o momento presente. Reinicialize!

—

A vida é como uma pedra de amolar. Se isso te deixa esmaecido ou polido, depende de qual material você é feito.

—

"Para frear o desencarne coletivo, precisamos de um despertar coletivo. Assim como ocorreu nos Estados Unidos. A partir do momento em que os obsidiados por maus espíritos perdem o poder o mal também perde sua força, e o bem-estar comum volta a triunfar."

Exu Caveira - 01/04/2021

Reflexões e Contos

A verdadeira rede social está nas ruas, parques e praças, é a vida real. A ágora 2.0 é flor plantada no asfalto, em área pública, comum, espaço democrático, que hoje se estende através da internet como uma extensão da nossa mente.

Se podemos comparar os estádios de futebol aos coliseus da antiguidade; a tela do computador, janela do espaço cibernético, virtual, nada mais é que a caverna de Platão ...

Ou a tradicional fogueira, usada desde os primórdios da humanidade, aonde todos se reuniam em torno dela para contar histórias ... lembrando os acontecimentos do dia passado, para poder planejar melhor as ações do dia de amanhã.

Desligue seu computador por um tempo, deixe seu celular em casa e pegue apenas o que for precisar, para poder ficar umas horas fora, e, saia, em busca da verdadeira interatividade, face a face.

Quando for plantar uma semente no meio da rua, ou da praça, que seja a semente de uma flor, ou a muda de uma árvore frutífera.

Compartilhe flores e frutos, em forma de palavras, que expressem o sem pensamento, através da sua presença física, da qual o mundo precisa tanto.

A vida se apresenta diariamente como um solo fértil, pronto para ser semeado. Se você não plantar nada, estará se privando de contribuir para a beleza salutar que é a biodiversidade do mundo, desertificando-se a si próprio.

Arando e semeando o solo, cultivando boas sementes e plantas, você estará criando um jardim não só pra você, mas também para o benefício comum de toda a humanidade, de onde todos vão se beneficiar com suas belezas e com os frutos que serão colhidos no tempo certo.

A internet é uma janela para o mundo, afinal, vivemos hoje em uma grande aldeia mundial conectada ... você não deve se privar, ou privar seus companheiros e companheiras de jornada do insubstituível contato pessoal, no qual mentes e corações calorosos se unem para o plantio de extensas áreas de terra, promovendo assim uma colheita farta, que irá acabar por beneficiar toda a coletividade. Mantenha a mente atenta, e as mãos sempre disponíveis à lavoura solidária.

Amor e Axé

Quando gostamos de verdade de alguém não tiramos dessa pessoa o que ela gosta, não desejamos que essa pessoa que gostamos se transforme em outra pessoa...

O tempo é precioso e devemos dispensá-lo ao próximo na mesma medida que esse nos dispensa seu próprio tempo. Cada ser tem seu próprio timing dentro da particularidade de sua própria sincronicidade com o Universo.

O Arquiteto é sábio e não cabe a nenhum de nós questionar seus desígnios. Viva e deixe viver.

Cuide do seu nariz que eu cuido do meu, só assim o beijo de esquimó irá aquecer ambos. Calor não humano independe do clima meteorológico do plano material. O calor que aquece a alma é imaterial, irradia do sentimento, de corações calorosos que se encontram.

Tudo que vemos nada mais é que poeira estelar, energia condensada vibrando intensamente, mas cuidado com a poeira que você aspira, ela pode ser nociva. Quem quer ser gente de verdade escuta a voz do espirito, a voz da consciência.

Dar é receber, e Axé é poder!

Um Bate-papo Sobre Destino

Ontem — 28 de julho de 2010 — uma amiga me perguntou no Facebook o que penso sobre destino e se estamos realmente a mercê de um futuro que já está escrito, ou se podemos alterá-lo de acordo com as nossas ações.

Entramos na área do livre-arbítrio, mas afinal o que é isso?

Como podemos fazer um futuro melhor partindo do agora?

Bom, pedi a ela e fui autorizado a postar nossa conversa em meu blog – a qual reproduzo agora aqui, para compartilhar com todos vocês.

Espero que seja de proveito para todos e também confio que surjam mais questionamentos e respostas filosóficas com relação a esse assunto.

Que o nosso bate-papo desperte nas pessoas aquilo que na verdade já está dentro de todos nós, o conhecimento compartilhado pelo Livro da Natureza, permitindo assim que cada qual tire suas próprias conclusões.

Namastê!

Cláudia R. C. — July 28, 2010 at 10:42 p.m.:

"— Olá amigo, me diga qual sua opinião sobre DESTINO. Acredita que já estamos predestinados ou podemos alterá-lo conforme nossas ações? Obrigada, boa noite pra vocês!"

Ronald Sanson — July 28, 2010 at 11:00 p.m.:

"— Acredito que estamos predestinados, mas nem os Orixás sabem ao certo qual esse destino, apenas 'Zambi'. Deus sabe até qual caminho tomaremos e qual será nossa escolha com relação ao livre-arbítrio.

Entretanto essa é a chave! Podemos cumprir isso em uma vida ou em muitas e sucessivas reencarnações, depende de nossa escolha, de nossas ações. Pois isso que já está escrito é atemporal, sutil.

Cabe a nós nos libertar da holografia e nos reaproximamos de nossa essência cósmica para cumprir o objetivo evolucional que esse sim já está estabelecido, e é a meta comum a todos os Espíritos.

Nessa vida terrena a escolha é sua, é minha, é de nossos irmãos e irmãs de jornada. O destino talvez seja nos tornarmos o que de fato somos, UM. Uma banda.

O objetivo verdadeiro é o progresso espiritual e não o material. O negócio é administrar o tempo que nos cabe em cada passagem terrena para nos aproximarmos mais e mais desse objetivo, até o alcançarmos. Lembrando sempre que todas as gerações da raça humana, no tempo cósmico são apenas um segundo, ou menos.

A matéria é uma ilusão, tudo que vemos e sentimos fisicamente se trata de um holograma - uma imagem holográfica projetada, uma ilusão persistente e sensorialmente consistente.

A verdadeira vida é espiritual, em um plano superior, desapegado dessa esfera. Tudo é energia.

O destino de tudo e de todos está selado e a ciência prova isso. Agora, pelo amor de Oxalá (O Cristo, cósmico e universal)! Vamos agir e apressar esse processo todo.

Ficar demasiadamente preocupado com efemeridades e desacordados no sono profundo do consumismo, dos prazeres e sentimentalismos terrenos não irá nos ser de grande adianto.

Eita! Que viagem! :)

Axé Cláudia!"

Cláudia R. C. — July 28, 2010 at 11:11 p.m.:

— Nada, foi BEM real! Nem sabe o tamanho da gratidão que tenho por você ter 'ajudado' a estar certa que não sou muito 'sonhadora'. Ah! melhor uma sonhadora em defesa do amor que alguém de coração vazio!

Obrigada de coração!

Axé!

-o-o-o-o-o-o-

Os papéis que exercemos na sociedade devem ser considerados, para nos ajudar na manifestação de nossas intenções.

Entretanto, às vezes, eles apenas obscurecem a verdade, quando acreditamos que eles são tudo o que somos.

Somos mais, e podemos mais!

—

"Devemos buscar satisfazer a alma, pois essa satisfaz o corpo. A satisfação do corpo, somente, não é garantia de uma alma satisfeita. A satisfação da alma é o sustento da vida."

Mestre Chin – Linha do Oriente - 07/08/09

Qual a sua maneira de ver a realidade?

A realidade não é aquela que vemos em programas de TV, ou em obras de ficção.

A realidade passa perto do publicado pela imprensa, desde que venda jornal. Então não se trata da verdadeira realidade, a macroscópica na qual estamos todos inseridos, pois a informação comercializada é seletiva.

A realidade não condiz com os discursos dos políticos, ou com os depoimentos oferecidos por 'especialistas' em programas sensacionalistas, pois passa longe da realidade diária da maioria esmagadora da população.

Sensitivos preveem o futuro, mas esse pode ser mudado pelo livre-arbítrio de quem não esmorece. Quando o futuro é revelado, ele é mudado pelo Universo, que o transforma novamente em um incógnita.

A realidade está aqui e agora, dentro e ao redor de nós mesmos, não para ser levada como simples informação e sim para que os dados, os fatos, sejam encarados com seriedade e determinação, por gente comprometida com a coletividade e com o bem-estar comum.

A realidade não está no pão e no circo, política antiga usada para distrair as massas, está na carne, no osso, na ação e no Espírito de cada um.

O futuro do indivíduo é desenhado de acordo com a realidade criada e vivida por ele próprio, mas também depende uma série de fatores socioeconômicos; dos quais a maioria não participa de forma efetiva, tendo assim o seu exercício pleno da cidadania prejudicado.

Não são só os ensinamentos e os exemplos que promovem as mudanças, é o exercício pleno da cidadania, de cada individuo, que pode promover as mudanças que todos queremos.

Sem o devido enfrentamento dos problemas quotidianos apresentados pela realidade diária, vivida, e, muitas vezes ocultos pela mídia de massa, estaremos adiando um futuro melhor dentro da Nova Era que já começou.

Para ver a verdadeira realidade, também precisamos, efetivamente, participar dela.

-o-o-o-o-o-o-

Somos todos UM!
O Sol, a Lua e a Verdade sempre voltam a brilhar...

Por mais dias nublados que existam, é certo que o Sol sempre volta a brilhar; que a Lua ainda há de iluminar incontáveis noites, e a Verdade, tanto de dia quanto de noite, sempre prevalecerá através dos séculos. Somos todos irmãos, de fato somos todos UM em ressonância com o Universo.

Se é a fé que move montanhas, a esperança nos fornece o campo fértil para que através da fé plantemos nossas sementes e tenhamos a paciência do cultivo, esperando o momento certo da colheita. Mas de nada adiantariam todas essas coisas se não tivéssemos amor.

A ilusão persistente é o Universo visível no qual vivemos, entretanto existe um Universo infinito em extensão, planos de existência e dimensões, muitas vezes inatingíveis e impenetráveis para nosso corpo físico, mas que podem ser acessados por nosso corpo etéreo.

Isso ocorre quando seu Espírito está em sintonia, sincronicidade, perfeitamente conectado ao grande arquiteto cósmico que é Deus, único e indivisível, todos estamos nEle, e Ele está em todos nós.

Se tudo um dia é finito, verdade é que o infinito habita em todos e em tudo, no que podemos e, inclusive, no que não que não podemos ver.

Disse o Buda: **"Três coisas não podem ser escondidas por muito tempo: o Sol, a Lua e a Verdade."**

Estados de espírito fazem parte da ilusão, criada por aquele que é infinito para que possamos progredir: nascer, crescer, viver e colher os frutos de nós mesmos - de acordo com o que plantamos, com a dedicação que temos durante o cultivo, e com a paciência para realizar a colheita no momento certo.

Tudo é ilusório, à exceção do amor que é a verdadeira realidade. A vontade divina é puro amor, incriado, indestrutível e inesgotável, e nós somos os frutos desse amor.

Existem muitas religiões, mas Deus é um só, onipotente, onipresente e onisciente, está em tudo e tudo está nEle.

A voz de seu Espírito ecoa em toda religião que prega o amor. As divisões ideológicas são apenas ilusórias, colocadas como uma prova para que a humanidade veja além da ilusão e se reúna novamente numa só religião cósmica; na qual, dentro da lei do amor, um só Deus reina do alfa ao ômega, através dos séculos, por toda a eternidade.

A religião suprema é a Verdade e a única forma de praticá-la, de acordo com a vontade divina, é através do amor e da caridade.

Amando a Deus sobre todas as coisas, aí se estabelece o amor próprio, desapegado do ego, da vaidade e da soberba, pois Deus habita o interior de todos, independente de raça, credo, ideologia ou classe social.

Amando ao próximo estamos amando também a Deus e a nós mesmos, pois de fato, através da divindade que habita nosso interior, somos todos um.

Fazemos parte de um ecossistema frágil, porém resiliente, habitando um fino grão de poeira, coberto com uma delicada camada de vida, que flutua na vastidão imensurável do espaço sideral.

Essa partícula do Universo conhecida por nós como Terra, gira, não está parada. Viaja dentro da atmosfera solar, seguindo a estrela por nós conhecida como Sol, em movimento espiral e constante, afastando-se gradativamente do centro da nossa galáxia, a Via Láctea ... lentamente, através dos éons intermináveis ...

"Iludido pelos três modos (bondade, paixão e ignorância), o mundo inteiro não

conhece a Mim, que estou acima dos modos e sou inesgotável." - Bhagavad-gītā 7.13

Quem sai de ressonância com o amor, que é a mecânica cósmica regente da natureza, entra em um processo de provação, para poder novamente unir-se ao todo, ressoando harmonicamente com as vibratórias cósmicas originárias de todas as criações maravilhosas e milagrosas do Criador, Deus maior e único, presente em todas as religiões.

Conquistemos, como um só povo, uma só raça, que é a raça humana, uma melhor sincronicidade e sintonia com o Criador e, por conseguinte, com todo objeto de suas maravilhosas criações, nos tornando novamente um espelho onde há de se refletir, claramente, a Sua divina imagem.

Tornemo-nos, através do amor, um só coração; através da presença de Espírito, um só pensamento, e, através da união, um só povo. Cumprindo assim, com o objetivo do Plano Maior, que é a religação da conexão estável e quântica entre todos os seres viventes e o Grande Arquiteto Do Universo, Deus, nosso Pai e Criador.

Estando Ele em nós e nós nEle, temos a certeza da vida infinita. Outras gerações virão após a nossa, e o futuro deles depende do que fazemos agora.

Ao criar essa consciência, a ilusão termina, o sofrimento cessa, desaparece, vivemos então no amor, que nos criou e que irá prevalecer agora e para sempre, independentemente de qualquer engano passado. Amando, ame-se.

"Portanto, agora existem estas três coisas: a fé, a esperança e o amor. Porém a maior delas é o amor." - 1 Coríntios 13:13

Para que esse grito de reconhecimento e de amor ecoe por toda a Terra; favorecendo assim a ressonância que coloca a todos nós como um só povo, um único organismo vivo a ressoar com a vastidão cósmica infinita, precisamos primeiro nos perdoar pelas falhas do passado.

O futuro será o resultado do que plantamos hoje, a semente de uma Nova Ordem de união entre os povos e amável diálogo inter-religioso, no reconhecimento de que as religiões são muitas, mas Deus é um só.

Perdoar a nós mesmos e perdoar ao nosso próximo é uma primeira etapa desse caminho, que poderá ser longo e doloroso, ou, de acordo com a boa vontade de cada um, percorrido mais rapidamente e com menos sofrimento.

O perdão entre as pessoas e os povos, é um grande, mas prazeroso, trabalho que a humanidade tem pela frente, e, para perdoar, efetivamente, é preciso antes amar-se e amar ... depois que damos o primeiro passo, começamos a caminhada. As vezes é melhor se arriscar a errar, mas seguir em frente, do que ficar na apatia, estagnado. O discernimento correto, e o equilíbrio, são a chave para a caminhada que leva ao percurso de uma vida exitosa em todos os aspectos.

O que é certo e o que é errado pode ser subjetivo, mas o amor é objetivo, não titubeia, não vacila, apenas ama. É um sentimento nobre que se transforma sempre em ação virtuosa.

"Pelo sol e pelo seu esplendor, pela lua, que o segue, pelo dia, que o revela, pela noite, que o encobre. Pelo firmamento e por Quem o construiu, pela terra e por Quem a dilatou, pela alma e por Quem aperfeiçoou, e lhe imprimiu o discernimento entre o que é certo e o que é errado, que será venturoso quem a purificar (a alma), e desventurado quem a corromper." - O Alcorão 'AX XAMS' - O SOL 1-10

Que Deus nos perdoe e abençoe na reunião da raça humana em um só povo. O Sol brilha igualmente para todos. Que em nosso pedido de perdão, pelos erros egoísticos do passado de divisão desigual e desarmoniosa de nossas riquezas comuns, entre e dentre os povos se torne coisa do passado. Que haja mais amor, por favor. Pois como disse o Pai Maneco, um sábio Preto-velho quando alguém lhe pediu perdão: **"Perdão não se pede, se conquista."**

Não existe conquista duradoura através da guerra, que é a manifestação da intolerância e do ódio humano. A conquista duradoura requer amor, como acontece quando da união de um casal, que forma uma família, e, famílias não entram em guerra, resolvem seus problemas através dos laços invisíveis do amor e da verdade.

Para que essa conquista logre êxito e seja durável o principal requisito necessário é o amor; pleno, ilimitado e acima de tudo colocado em prática como Lei Suprema, ao reconhecermos que Ele é a Lei que rege todas as coisas, a vibração que tudo forma e a ressonância que tudo une.

"Em vez de esperar no Senhor por causa do seu amor. Coloquemos toda esperança nesse amor mesmo. Uma esperança assim é tão segura como o próprio Deus. Não pode ser jamais confundida. Ela é mais do que uma promessa de realização. Ela é já um efeito do amor mesmo pelo qual ela espera. Se busca a caridade. É porque já achou. E se busca a Deus, é sabendo que já foi encontrada por Ele. Viaja para o céu, sentindo obscuramente que ali já aportou." - Thomas Merton

Portanto, irmãos e irmãs de viajem, lhes faço um convite à reflexão: compartilhemos, de maneira mais equânime e sustentável, as riquezas comuns, que temos por herança em nossa astronave chamada Terra, que em verdade é um organismo vivo, cosmicamente conhecido como Gaia. Somos convidados diariamente a fazer a manutenção do nosso planeta, trabalhando para manter a ordem e a cordialidade entre nós, os tripulantes. Abastecê-lo para que ele nos abasteça, utilizar seus recursos de maneira sustentável e mantê-lo em marcha. Somos todos chamados a servir, para que possamos, ao nosso tempo, e de acordo com as nossas necessidades, também sermos servidos.

Vez por outra também nos revezarmos no controle do manche que direciona o destino comum da raça humana. Todos tem seu papel, sua oportunidade, sua relevância e igualdade na justiça da equanimidade, que é garantida por Deus. Devemos nos unir em um só povo, não tardemos. Através da união fraterna, entre todos, seguimos na rota cósmica do progresso. A bordo de nossa astronave, que é a nossa própria casa comum, alçamos voo às camadas mais elevadas de evolução. Que Deus nos abençoe a todos, para que possamos voltar a ser, de muitos, UM.

-o-o-o-o-o-o-

Cuidado com os Índios!

Quem não cuida dos seus índios não ama o solo em que pisa, Pachamama, a mãe terra da nação indígena.

Nossos irmãos e irmãs, nativos da terra em que viemos habitar, sem pedir licença, ou, sem sermos convidados, só querem a mesma liberdade que é concedida a todos, tendo o direito, que é um privilégio mais do que justo, de viver da mesma forma que vivem há milênios.

Eles não pediram pra participar da nossa sociedade; dita civilizada, não assinaram contrato social algum, não nos passaram a escritura de suas terras, que foram tomadas, em sua maioria, de forma violenta e até criminosa.

Infelizmente, até hoje, ainda existe gente inescrupulosa, que arranca a população indígena da terra que lhes pertence, e da cultura que lhes é peculiar. São expulsos ou ludibriados a deixar seus territórios, um direito inalienável, e, depois maltratados em meio a, para eles inóspita, selva de pedra. Quem não ama os índios não faz ideia do que é a natureza. Abra seus olhos, aqueça seu coração!

Pachamama está de olho! Quem quer viver em paz na Terra, deixa os índios viver em paz nas terras deles.

A Capital Ecológica e Espiritista do Brasil

(Texto escrito no Rio de Janeiro, em 02 de outubro de 2010)

"Prazer da pura percepção, sejam os sentidos, a crítica da razão", esse haikai do Paulo Leminski esteve por vários anos pintado em letras garrafais no paredão do prédio que fica do lado direito da Casa Romário Martins, no Largo da Ordem, a antiga Casa da Gravura...

Pode-se especular que é mensagem subliminar do Espírito, pois, Curitiba é a cidade mais espiritualizada que conheço entre a Paraíba e o Rio Grande do Sul, isso passando pelo sertão, zona da mata, interior da Bahia, Minas Gerais e indo até Foz...

Quando trabalhei na Diretoria de Esporte e Lazer da Prefeitura, em 1993, que ficava no Edifício Adolpho Romanó, andava todo dia pelo Largo. Eita lugar mágico! Tem mais espírito indígena que de colono andando por lá, mais alma desencarnada que encarnada. Até o Tindiquera marca ponto ali.

E o bebedouro, ainda existe? Lembro como se fosse ontem, e é... pode parecer estranho, mas a primeira vez que senti a vibração de Oxum não foi no Terreiro nem na Cachoeira, foi no bebedouro do Largo... eu tinha tomado umas e outras e fui com uma prima até o bebedouro pra conversar reservado.

Oxum, a Orixá estava lá e nos abençoou. Os chopes que tínhamos tomado no bar da Márcia Petúnia (dona do 'Sal Grosso', falecida em 2020) evaporaram na hora, foi como se o resto da cidade não existisse, só havia aquela fonte (de água corrente na época, onde rolou um beijo caloroso).

Sou saudoso de Curitiba, a Terra de Muito Pinhão, fruto que cai do céu e que se guardado estraga. Aliás, sempre enxerguei o pinhão como o fruto mais parecido com o maná descrito na Bíblia.

Quando fiz minha primeira sapecada era mais novo que meu filho é hoje. Foi meu pai que ensinou, ele ensinou que era o modo como os índios preparavam o pinhão.

Lembro quando fui pela primeira vez com o Léo numa fonte que brota na rua, uns quarteirões pra cima do Country, no Cabral. Fomos lá pra lavar nossas guias, o Leo me disse que ali era um jorro direto do Aquífero Guaraní, água especial, e que Curitiba é um dos 'umbigos do mundo'. Uau, que Axé!

Só agora, após tantos anos, me veio um insight! Será que seu Akuan é predecessor do Cacique Tinguí, o Tindiquera? Não sei, mas que ele é Guaraní em sua vida passada isso creio que é.

O Paraná é abençoado pelos caboclos, vejam, o nome do estado é derivado do tupi pa'ra = "mar" + nã = "semelhante, parecido". Paraná é, portanto, "semelhante ao mar, rio grande, parecido com o mar", naturalmente pelo seu tamanho.

E Curitiba? Etimologicamente deriva da expressão indígena "core et tuba", ou, "curi'i ty(b) ba", que em língua guarani significa "muito pinhão", fruto que cai do céu.

Esse lugar mágico que é a capital do Paraná nasceu ali, no Largo da Ordem e Paranaguá, o "Grande Mar Redondo", Pernagoa, ficou como cidade portuária. Na verdade, o marco zero para mim não é na praça do homem nu, e sim o bebedouro do Largo. Não é a troco de nada que a padroeira é Nossa Senhora da Luz Dos Pinhais, ao meu ver Oxum.

Paraná-ê-Paraná-ê-Paraná! Encerro essa reflexão como a comecei: "Prazer da pura percepção, sejam os sentidos, a crítica da razão." Será que seu Exu do Fogo, em sua última encarnação não foi Bartolomeu Bueno da Silva, o Anhanguera?

A Verdadeira Vida Lá Fora

(Um insight do Preto-velho Vovô Miguel)

A correria do dia a dia, nas tarefas que nos são colocadas pela obrigação, deve ter limites. Não somos máquinas! Hoje pela manhã, quando fui tomar café, tive um insight, que me foi enviado por um bom e pacífico Espírito de um Preto-Velho.

Conheça um pouco da história de Miguel ...

Vovô Miguel, natural da África, teve sua encarnação mais recente na Terra como ser humano nascido livre, mas que foi escravizado ainda jovem. Ele nasceu no Congo onde foi capturado e trazido a força para servir como escravo no Brasil ...

Seu nome de batismo, em sua religião ancestral, foi Omo Zambiapongo, traduzindo 'Filho de Deus'. Um nome simples para uma pessoa simples. Omo vivia feliz em sua tribo e era um jovem guerreiro e caçador. Embora guerreiro, como a região em que se localizava sua aldeia era pacífica, seus predicados mais utilizados, em serviço de sua família, e, de seu povo, eram os da arte da caça e da pesca.

Ele também foi um iniciado nas artes da magia, pelo pajé de sua tribo, o Babalawô

Mizifunfum, que quer dizer algo como 'Meu filho de Deus e guardião do mistério'.

Além de exímio caçador, Omo Zambiapongo gostava muito de ficar com as crianças, tinha um espírito de menino e sua criança interior era bem latente em tudo que fazia e dizia. O jovem Omo carregava com ele a alegria de uma criança como uma sombra que segue uma pessoa caminhando sob o Sol. Sempre feliz, bem humorado e prestativo.

Um dia a aldeia em que ele vivia com sua família veio a sofrer o assalto de traficantes de escravos. Homens negros conhecidos como 'mandingas', de origem muçulmana, que ajudavam os brancos (em sua maioria europeus) a caçar outros negros, que por sua vez eram cruel e covardemente destinados à escravidão, em troca de mercadorias como tecidos, espelhos, armas, especiarias e víveres.

Os traficantes de escravos eram terríveis. Destruíram toda a aldeia, mataram a maioria dos que resistiram, estupravam as mulheres e não pouparam nem as crianças. Verdadeiros espíritos malignos encarnados, que buscavam prazer e enriquecimento através do abuso e da escravidão de todo um povo, que era por natureza bom e pacífico.

Omo Zambiapongo foi separado de sua família e, após seu sequestro, passou mais de dois meses acorrentado, sem ver a luz do dia, no porão de um navio negreiro que tinha como destino o Brasil.

Mesmo sofrendo tal injustiça, por parte dos tiranos feitores de escravos, não deixou que o ódio tomasse conta de sua alma ...

Omo havia aprendido com o Babalawô Mizifunfum que sentimentos de ira, raiva, ódio, rancor, ressentimento e revolta não ajudam em nada, apenas atraem 'kiumbas', que são Eguns (Espíritos de desencarnados) do mal, trevosos que obsidiam a mente humana podendo até levar a pessoa à loucura.

Chegando ao porto de Salvador, na Bahia, Omo foi vendido como escravo para um rico e influente senhor de engenho, possuidor de muitas terras, outrora tomadas pela coroa portuguesa dos nativos que antes nelas habitavam.

Mesmo tento passado mais de dois meses acorrentado ao porão escuro e fétido de um navio negreiro — vendo outros mais fracos, alguns companheiros desde a infância e familiares, padecerem e terem seus cadáveres apodrecendo até exalar mal cheiro, quando então tinham seus corpos lançados ao mar pelos marinheiros daquelas embarcações da vergonha — o jovem Omo ainda conseguia manter o sorriso no rosto, da alegria e gratidão aos Orixás (Santos africanos), simplesmente por estar vivo e sabendo que seus irmão e irmãs desencarnados durante a viajem agora descansavam na Aruanda (o Paraíso para as religiões de matriz africana).

Omo manteve sua força, sua musculatura, e, como que por milagre, as feridas que carregava no corpo, das violências e abusos que sofrera, quando capturado, subjugado, acorrentado e jogado no porão de um navio negreiro, estavam cicatrizadas. Iemanjá, a Rainha do Mar, havia cuidado delas.

Quando um negro feito escravo chegava ao seu destino, que era a fazenda, engenho, ou qualquer outra atividade para a qual seria designado pelo seu comprador, a primeira coisa que faziam era lhes dar um 'nome de homem branco', um nome 'cristão'.

Alguns, como fora o caso de Omo, eram batizados, pois o engenho ao qual ele fora destinado a trabalhar, em regime de escravidão pelo resto de seus dias na Terra, pertencia a uma família que se achava muito católica, como se católicos de verdade pudessem aprovar tal crueldade, tal qual essa, que era a escravidão.

Omo foi então batizado, pelo padre que comandava a igrejola do Engenho Sergipe, com o nome cristão de Miguel.

O nome foi escolhido pelo padre porque Omo, agora Miguel, enquanto dentro da igrejola não conseguia tirar seus olhos da imagem do Santo Arcanjo Miguel, ao qual se dobrava, em reverência, enquanto, sussurrando, fazia preces em sua língua nativa.

O padre o repreendeu, por fazer reverências e orações iorubanas à imagem de um Santo Católico, dentro da Igreja, mas o sorriso de Miguel era tão contagiante, a pureza de sua alma tão perceptível, que o sacerdote se compadeceu e não o puniu, batizando-lhe com o nome de Miguel, ao ungir-lhe a testa com o óleo bento.

Por sua força Miguel foi encaminhado para trabalhar na casa de bagaço do engenho, onde juntamente com outros escravos girava a enorme e pesada pedra de Mó que moía a cana de açúcar.

Como ele era trabalhador e prestativo, mesmo escravizado e forçado a muitas horas de trabalho diário duro, de domingo a domingo, dormindo pouco e tendo 'folga' apenas para ir a igrejinha, participar da missa destinada aos escravos, sempre sorria ...

As vezes era chicoteado apenas por isso, por sorrir, porque os feitores achavam que ele estava zombando deles, apenas por manter na face sempre o seu sorriso puro , que sempre manteve, desde a infância na África.

O feitor-mor, seu Joaquim, com o passar dos anos se afeiçoou a Miguel, porque percebeu que o sorriso era mesmo puro, como de uma criança em corpo de homem, que não fazia cara feia para o trabalho, mesmo que forçado e levado ao limite do esgotamento físico e mental.

Com o tempo Miguel foi envelhecendo, ao passo que, dia após dia, semana após semana, ano após ano, ganhava a simpatia de todos do Engenho Sergipe, no Recôncavo Baiano, que a essa altura já contava com mais de trezentos escravos.

Ao completar cerca de quarenta anos lhe colocaram para cuidar de atividades mais brandas, que em sua maioria eram destinadas às mulheres, como ordenhar vacas, colher ovos, cuidar do galinheiro — para que raposas não chegassem perto —, colher flores para enfeitar a casa grande e até caçar.

Miguel, apenas com um sorriso no rosto, ao poucos, conquistara a simpatia, a confiança e o coração de todos.

Já com cerca de sessenta e poucos anos foi colocado para cuidar das crianças da senzala, enquanto os pais delas trabalhavam, e chegou até a cuidar dos filhos dos senhores de escravos do engenho, sempre contando histórias ligadas à sua cultura original, mas sabiamente transformadas em contos tipicamente portugueses ou abrasileirados.

Criativamente dava 'outros nomes aos bois', e assim subliminarmente divulgava sua cultura ancestral, e isso lhe trazia profunda alegria interior, pois em sua mente lembrava-se de seus tempos de homem livre.

Assim Miguel passou sua vida, e em sua velhice era o mais requisitado para contar histórias e cuidar das crianças, com as quais se divertia igual fosse uma delas, mesmo já estando velhinho, na faixa de seus oitenta anos de idade.

Ninguém nunca soube ao certo sua idade cronológica de fato, mas provavelmente tenha vivido encarnado por mais de cem anos, porque ele dizia, ao final da vida, ter mais de cem primaveras.

Voltando ao Insight, a história do açúcar ...

Toda essa história me veio com emoção e comoção, à mente, quando pela manhã, ao colocar açúcar em meu café, deixei uma colher cair sobre o inox da pia e vi o grande valor daqueles grãos de açúcar, que hoje são produzidos por máquinas, mas nos tempos da escravidão o açúcar era fabricado através da mão de obra escrava, à base da força dos músculos da mão de obra dos negros sequestrados na África e escravizados no Brasil.

Isso me fez ver a revolução industrial e tecnológica com olhos de liberdade; pois trabalhos braçais pesados, que por milênios foram feitos por seres humanos, nossos irmãos de jornada na Terra que eram lançados cruelmente ao trabalho forçado, apenas por ter outras crenças e outro tom de pele, que não era a predominante, dos colonizadores portugueses, hoje são feitos por máquinas.

Os Africanos e nativos brasileiros eram escravizados, com aval da Igreja e da Coroa Portuguesa, por serem considerados pagãos e selvagens — 'filhos do povo da lama' —, apenas por ter uma cultura diferente daquela tida, na época, como dentro do padrão aceitável, para a pessoa ser considerada um homem ou mulher livre, membro efetivo da 'sociedade civilizada'.

Vovô Miguel me fez ver, num piscar de olhos, todo sofrimento que passou na produção de açúcar e como hoje o processo é todo industrializado; isso com uma visão ainda meio assustadora — que pude ver entre os grãos de açúcar que se espalharam — de toda espécie de abuso que os africanos sofreram por aqui nos tempos da escravidão. Acho que os países envolvidos com a escravidão tem uma dívida histórica com esse povo.

Entre os grãos, do doce açúcar, pude amargamente ver também quantos ainda vivem em situação análoga à escravidão, no trabalho de corte da cana-de-açúcar, mais um processo que vem sendo substituído pelo uso de grande máquinas — que libertam muitos irmãos e irmãs, que vivem no campo, de tarefas sobre-humanas. Entretanto, infelizmente, ainda há nos dias de hoje engenhos de cana que usam mão de obra humana para o fatigante corte manual da cana-de-açúcar.

Naquele momento, que não passou de um segundo, minha percepção sobre a cadeia produtiva do açúcar, que usamos diariamente em nossas casas, foi totalmente alterada.

Me foi mostrado, pelo Universo, o grande valor de cada grão de açúcar e o valor maior ainda, o valor incalculável e imenso, do trabalho e de cada vida humana.

O sábio Preto-velho me fez ver como um produto, que adoça os alimentos e a vida da gente, pode carregar também, amargamente, dor, sofrimento e suor humano em sua produção ...

Aquele açúcar que usei em meu café da manhã me mostrou e contou muita história, através da visão que tive na conexão com o momento presente e o bom Espírito do Vovô Miguel.

Tanto o açúcar quanto o café têm sua produção, desde o plantio, passando pela colheita e industrialização do produto final, que chega às nossas mesas, em sua maioria, feita por máquinas.

Entretanto parte dessa produção ainda é realizada a um custo humano muito elevado, ao utilizar mão de obra deveras mal remunerada e, em alguns casos, escrava, na qual os trabalhadores trabalham na cadeia produtiva apenas em troca de alimentos e moradia, em condição de vida precária, num regime de trabalho análogo à escravidão.

Muita gente critica a mecanização das lavouras, mas fato é que elas contribuem para o fim definitivo da mão de obra escrava no Brasil e no mundo.

Se muitos perdem emprego no plantio e colheita, também muitos ganham estudo e especialização para ocupar outros postos de trabalho, outros empregos, na cadeia produtiva, conservação e manutenção do maquinário. Arados, plantadoras, colheitadeiras, aviões e drones de pulverização, geram postos de trabalho para trabalhadores da agricultura livres, que vivem e são remunerados com dignidade, de acordo com a sua ocupação.

Pense Sobre a Verdadeira Vida Lá Fora ...

Pense como um produto agropecuário é produzido, como funciona, e quantos trabalhadores rurais e da indústria ligada à agropecuária, estão envolvidos na cadeia de produção de alimentos. Imagine como é hoje a vida nas grandes fazendas.

É muito importante pensarmos e filosofarmos sobre o assunto, para evoluir na produção e consumir alimentos mais saudáveis, não apenas no que tange a produtos usados na lavoura, como fertilizantes e agrotóxicos que podem trazer dano à saúde humana, mas também na mão de obra que envolve a produção, industrialização e distribuição dos alimentos que chegam até nossas casas.

O alimento que consumimos carrega a energia da forma como foi produzido, como chegou até a prateleira dos supermercados e de lá até nossas casas, para alimentar nosso corpo e nossa alma.

Procure saber, e se informar mais, sobre como os alimentos chegam até nós, desde o plantio até a sua mesa. Investigue se a marca que você costuma consumir trata bem dos seus funcionários, respeitando as leis trabalhistas. Se usam pesticidas ou transgênicos que podem fazer mal à saúde, se o preço que praticam é justo, se a lavoura é sustentável e ecologicamente correta ...

Contemplando a natureza podemos ler as páginas de seu magnífico livro. Até a partir de uma simples colher de açúcar, colocada acidentalmente fora da xícara de café, sai um texto como esse, que acabo de compartilhar com você. Vejam que levei pouco mais de um dia escrevendo, para descrever o que me foi mostrado em apenas um segundo.

Como nosso querido vovô Miguel também somos todos trabalhadores ... mesmo que sem emprego formal ou carteira assinada, não se deixe ficar desocupado, siga em busca de experiências edificantes, mentais, filosóficas, literárias e espirituais, as quais você possa transmitir ao seu próximo. Aqui, no caso, em um texto místico, mas que colabora efetivamente com a edificação de uma sociedade mais justa, amorosa, em busca da construção de um mundo melhor para todos nós.

Vou fazendo minha parte, tentando contribuir, mesmo que modestamente, no movimento das engrenagens e da pedra de Mó que giram a Internet, movendo suas engrenagens através da ponta dos meus dedos que tocam o teclado sob o comando da minha mente, da minha alma e do meu coração.

Como todos nós temos, também tenho a esperança de ter a carga aliviada, à medida que envelheço, e conquistar a dignidade de uma velhice bem amparada, à qual todos temos, por preservação da dignidade humana, o mesmo direito.

Lutemos por justiça social, porque sem justiça social não há justiça alguma, e por dias melhores que, aos poucos, através do despertar coletivo, chegam para todos nós, pois quanto mais damos ao Universo, mais ele nos retribui.

Leve a vida sorrindo ... pois se há muita vida lá fora, é porque também há muita vida dentro de nós, e ainda muitas histórias para serem contadas.

Se não contamos as histórias, elas podem morrer com a gente ... mas em algum lugar do Universo Infinito elas ficam lá esperando, guardadas, até que talvez, algum dia, outros as contem, como no caso da história de Omo Zambiapongo ...

A verdadeira vida lá fora é a verdadeira vida, vida que nasce e se renova dentro de cada um de nós.

Se você busca alguma coisa, tem um objetivo na vida, que antes de tudo seja feliz. Mantenha sempre viva sua criança interior, sua curiosidade e a simplicidade nas relações humanas.

Lembre-se que a felicidade é um dom interior, um estado de espírito, e, se existem estímulos externos que nos despertam à felicidade, é porque ela já está dentro de nós, apenas esperando que você permita a ela que se manifeste.

A vida que vemos e sentimos acontecer forte na gente, em verdade é a vida que vivemos dentro de nós mesmos, pois tudo tem origem no pensamento.

Se o mundo da imaginação é o mundo dos espíritos, como disse William Blake, talvez seja porque a vida que levamos fora é o mundo que carregamos dentro de nós.

A vida sempre começa de dentro para fora, até um dia crescer tanto, e, ao mesmo tempo, se tornar tão pequenina diante de Zambi, Deus, que se dissolve na grandeza do cosmo infinito ... unindo-se então ao todo.

Axé! Saravá Omo Zambiapongo, salve o nosso querido Preto-velho afro-brasileiro Vovô Miguel de Oxalá.

Que a Luz de Deus, a iluminação através do conhecimento, que se manifesta presente na ausência de pensamentos, brilhe sobre todos nós, para que nela voltemos a ser de muitos um, uma só grande aldeia conectada, a Grande Fraternidade Humana.

O que está dentro é o que está fora, então viva dentro a verdadeira vida lá fora, e deixe sua vida interior se manifestar, transformando a sua própria realidade exterior.

Ao nos modificarmos internamente, também, gradativamente, modificamos tudo que está ao nosso redor.

-o-o-o-o-o-o-

A religião cooperativa pode vir a ser a única?

A palavra religião deriva do latim 'religare', significa a religação do ser humano com o divino.

As religiões aparentemente são diferentes, mas se olharmos sem preconceito, ou opinião tendenciosa, podemos claramente perceber que todas são muito parecidas.

A competição entre as religiões acontece mais pela disputa do rebanho de fiéis, poder e crescimento ... para ganhar ainda mais adeptos, poder e dinheiro. Isso vai contra a divina vontade.

Todas as religiões são baseadas em um conjunto de crenças sobre as causas, a natureza, a finalidade da vida e os mistérios do universo, considerando um agente sobrenatural, Deus, como ser supremo.

Mesmo as religiões ditas pelos teólogos como politeístas, na verdade pregam a existência de um Deus todo-poderoso, que comanda outros deuses menores, com menos poder.

Nas religiões monoteístas, curiosamente ocorre o mesmo, também veneram divindades 'menores' como, por exemplo, arcanjos, anjos e santos.

Até muitos dos que dizem crer, e louvar, um Deus único, em verdade louvam o Deus Pai, Filho e Espírito Santo, que segundo o 'Mistério da Santíssima Trindade' é um Deus só. Um triunvirato, onde três são um.

Contando nos dedos são: um, dois, três, então como podem afirmar que creem em apenas um, realmente é um mistério a ser respeitado. Respeitosamente, eis o mistério, ou o eis o ministério ...

Tem gente por aí até vendendo mansão no Céu, com escritura assinada pelo próprio Jesus? Continuando assim, se o fundamentalismo prevalecer sobre o amor, a caridade e o bom senso, logo essas escrituras de lotes, terrenos e casas no Céu em breve poderão até ser registradas no cartório, de papel passado, o que seria um absurdo.

Alguns parecem praticar o que pode ser chamado de estelionato religioso, ou estelionato da fé, e inclusive é classificado como tal em alguns países mais desenvolvidos.

Nos céus não existem mansões, ao menos como as concebemos aqui na Terra, e quem vende sabe muito bem disso.

Agora, vai ver aonde esses falsos profetas moram, o carro que eles dirigem, a casa de praia, sítio, a fazenda, os bens materiais que eles acumulam à custa do 'dízimo' dos fiéis... vendem mansões imaginárias, e, 'feijões mágicos', que não existem, isso com o único propósito de financiar suas próprias mansões, aqui mesmo na Terra.

Deus, que é o mesmo seu Deus, é o meu Deus também, e, Ele é único, um só para todos.

Sou batizado Católico, vou à a Igreja rezar, e não deixo de dar, vez por outra, minha contribuição para o pão dos pobres. Ao passo que também sou cruzado na Umbanda, medito, faço minhas leituras e preces do Espiritismo cristão, estudo a Teosofia, sou ecumênico em minhas preces ...

Acredito que o 'meu Deus' — Deus não é meu, eu não sou dono dele, Ele é que é meu Senhor, e por escolha própria, ninguém me obrigou, aliciou ou seviciou para me obrigar a participar desse ou daquele culto. No exercício pleno do meu livre-arbítrio, frequento e cultuo Deus da minha maneira.

Deus não é meu, ou seu, e sim de todos nós, e nós é que somos dEle — 'meu' Deus é o mesmo que o 'seu'; seja qual for a sua ou a minha religião, apenas muda o nome, mas se trata do mesmo Deus.

No caso, não há mal algum em eu chamar Deus de Zambi, ou Zambi de Deus, como também poderia chamar por Alah, Jeová, Buda, Shiva, Zeus, Odin, Abba, Tupã, etc ...

Não importa o nome que chamemos, continuaria a ser o mesmo Deus, o Criador, do alfa ao ômega, ou seja desde o início dos tempos, e para sempre. Todos nós, não importa a religião, consideramos esse Ser Supremo como Santo, Sagrado, Espiritual, Onipresente, Onisciente e Onipotente. E assim é!

A maioria absoluta e dominante das crenças religiosas tem narrativas, símbolos, tradições e histórias sagradas, destinadas a dar sentido à vida.

Elas tendem a derivar em moralidade, ética, leis religiosas, ou em um estilo de vida preferido, de suas ideias sobre o cosmos e a natureza humana, mesmo assim, embora com nomes diferentes, o Deus é um só, e, somos, de fato, todos irmãos e irmãs, descendentes da mesma cepa evolucionária, conhecida como raça humana.

Sem sombra de dúvida a religião — todas, sem excluir uma só que seja — exerce influência muito positiva no resgate das pessoas para a vida espiritual, de onde todos viemos, para a qual vivemos e para onde é destino comum à toda humanidade voltar.

A religião busca as chamadas 'ovelhas desgarradas', pessoas que supostamente teriam se perdido do rebanho do Senhor. É a natureza, desde que o ser humano criou consciência cremos nessas forças ocultas, nesse Universo invisível, no qual Deus é quem manda, mandou e sempre mandará.

As 'ovelhas desgarradas' nada mais seriam, penso, do que algumas pessoas que perderam, esqueceram ou deixaram de lado os valores éticos, morais, familiares e espiritualmente corretos para levar uma vida pacífica e frutífera, dentro de uma sociedade cooperativa. Gente que perdeu a fé em si, em seus irmãos e irmãs de jornada, e no mundo.

Seguindo essa linha de raciocínio, mesmo os ateus, mesmo que neguem, são também religiosos. Pois se trata de pessoas que podem não acreditar em forças ocultas espirituais, que regem o universo, mas creem e muitos inclusive estudam as mesmas forças regentes do cosmo, através da ciência, como por exemplo a astrofísica, física nuclear, ou física quântica, dentre outras vertentes da ciência, que também, acredite você ou não, creio que cumprem o papel religar o homem a Deus, ao Criador de tudo e de todos.

Sinto-me pouco confortável quando me vejo obrigado a criticar, mesmo que de maneira construtiva, essa ou aquela religião, pois creio que todas fazem parte da mesma, originada onde originou-se a vida humana como a conhecemos, e que foi sendo dividida pelo crescimento, afastamento e diversificação dos grupos humanos.

Existem sistemas de crença que mesmo nos dias de hoje — dias nos quais a experiência e a lógica predominam sobre o misticismo infundado e tudo que é irracional — ainda promovem revoltas em grupo, causando sofrimento ao próximo e a si próprios. Sim! Infelizmente ainda existe, de sobra, a intolerância religiosa e falta o diálogo inter-religioso.

Há desentendimentos, competição e guerras por causa de religião e das chamadas 'terras santas', como se existissem vários deuses e eles estivessem em guerra, ou competição eterna entre eles, levando seus povos a se confrontarem numa queda de braço para ver qual é o mais forte e poderoso. Isso é uma armadilha, uma grande mentira, que leva pessoas de bem a se tornarem verdadeiros monstros, tudo em nome de 'Deus'. Como pode isso acontecer, se em todas as religiões, Deus é amor.

Como pode Ele querer que seus filhos, das mais diversas etnias, costumes, culturas e nações, destruam a casa comum que Ele mesmo criou e nos deixou como herança? Pode um pai, de coração bondoso e generoso, íntegro e correto, e que tem dois, ou mais filhos, querer que um mate o outro?

Olha, o Criador deve ficar triste, e no mínio chateado, ou, as vezes, até indignado com seus filhos, pois para Ele não existe filho preferido, a não ser, ao que se sabe, o Cristo, cósmico e universal, a divindade que habita o interior de todos nós.

O problema de competição, desentendimento e briga entre as religiões parece ser mais material, hominal, do que espiritual. Lutam por territórios sagrados, quando sagrada é toda a Terra, e não castelos de pedra, tábuas, ou argamassa, erigidos por humanos em homenagem a Ele, que habita em toda parte, em todas as pessoas, em todo o cosmos.

Já assisti e participei de cultos e rituais em diversas igrejas, templos, seitas, agremiações religiosas, centros Espíritas, cristãos e não cristãos, diferentes, e, da mesma forma que senti a autenticidade da presença do Cristo Cósmico em praticamente todas, também constatei que a disputa maior é por fiéis e territórios, para poder afirmar que seu sistema de crenças é mais forte, puro e melhor que o do seu próximo. Mas somos todos nascemos nus, iguais em carne, vivemos de acordo com as nossas possibilidades, e, quando morremos somos cremados ou sepultados da mesma maneira.

O excesso, a apropriação e o abuso dos dogmas e teologias, parece renegar assim o direito de todos à livre crença e manifestação religiosa, como garante a maioria das constituições federais dos países que, por sorte, não imergiram nas trevas da intolerância e do fundamentalismo religioso.

Poxa vida! Deus não quer competição entre seus filhos, quer colaboração! Que voltemos a ser de muitos um, em fé e numa comunidade global unida, na qual uns se ajudam aos outros.

Talvez por essas diferenças e disputas religiosas os consumistas, comunistas e fascistas, idólatras da matéria, e, a outa face da mesma moeda na qual está o capitalismo selvagem e insustentável, acredita que religião é veneno. Porque há líderes religiosos inescrupulosos que, realmente, fazem o elixir da vida, que é a religação do homem e da mulher com seu próprio espírito, santo e sagrado, se transformar de elixir em veneno. Ora, queiram ou não, o fato é que nãos somos gado!

Como pode religiões que se dizem perfeitas fazer número em fiéis, e, acumular bens materiais, sem na verdade realizar nada de prático para um futuro comum melhor, de liberdade, paz, fraternidade, amor, igualdade e fartura para todos?

Como pode líderes religiosos se beneficiar materialmente, a eles mesmos, com os donativos de seus fiéis, convivendo com toda espécie de miséria humana? É muita ganância e falta de escrúpulo minha gente, o que é isso? Chega a ser imoral. Esse sim, a imoralidade verdadeira, é que é o inimigo oculto, agindo nas sombras.

Se você também enxerga por esse prisma, então devemos analisar o cenário amplamente e, após refletir, concluir quais fatores são responsáveis pela criação desse meio de vida insalubre e destrutivo do fundamentalismo e da intolerância religiosa.

Onde estão os valores éticos e morais da sociedade contemporânea? Qual espírito se beneficia com crenças cheias de preconceito, dogmas ultrapassados e teologia irracional, ilógica, sem sentido ou sentimento algum de amor ao próximo?

A beleza está na diversidade, na diferença, que a própria natureza, obra que o Criador de tudo nos mostra com verdadeira. Então viva a diferença! Saiba conviver e amar aquele que é diferente de você. Na natureza não existem nem duas folhas de árvore totalmente iguais, como também não há duas pessoas com mesma impressão digital. Por quê deveríamos também ser rebaixados a pensar pequeno, por baixo, e, em direção ao abismo?

Não duvido da importância da religião, de fato ela é importante, e muito, na formação do caráter e desenvolvimento da espiritualidade humana.

Mas não é porque considero a religião, ou as religiões importantes que eu deixe de amar quem não tem religião alguma. Também amo, igualmente, aos meus irmãos e irmãs de jornada que são ateus.

Não precisa a pessoa ser crente para ter moral, para agir com ética em tudo que se faz, seja nessa ou na outra na vida. A ética faz parte de quem somos quando estamos sozinhos com nós mesmos, e Deus sonda nossa alma, conhece quem realmente somos.

Como os filhos precisam dos pais, todos precisam uns dos outros, afinal vivemos em sociedade e tudo que acontece é resultado das ações desse grande grupo de seres humanos interconectados. O mundo não é exclusivo desse ou daquele ser. É uma questão de consciência, e até de ciência, o resultado é a soma dos fatores, e a ordem deles não altera o resultado.

Acho que libertar-nos uns aos outros é importante, é o que se chama de independência. Então: liberdade aos cativos!

Mesmo vivendo em sociedade devemos ter a capacidade da autonomia, material e espiritual, afinal, salvo casos de nascimento de gêmeos ou desencarne coletivo, a maioria das pessoas vem a esse mundo só, e daqui também partem sozinhas.

O livre arbítrio, a lei de causa e efeito, e o amor ao próximo, e ao Criador sobre todas as coisas é a base da teologia em todas as religiões. No que tange a liberdade de opção, seja ela qual for, desde que se saiba, de partida, que tudo tem seu preço ou sua paga. A escolha é livre, e cada um colhe o que planta.

Estou na Umbanda, mas tenho minha visão espiritual cómica, porque não deixo ninguém me colocar antolhos, porque isso limitaria o campo de visão do meu corpo e, talvez, em consequência, também o campo de visão do meu espírito, pois, enquanto eu estiver encarnado ele é parte indissociável do meu corpo físico.

A visão periférica, na Espiritualidade, é essencial àqueles que pleiteiam mais liberdade de ação, pensamento, descoberta e criação. Temos que evoluir!

Continuo mantendo também, junto ao Espiritismo e a Umbanda as crenças e práticas que aprendi no catolicismo, que é a religião do meu primeiro batismo. Respeito muito o Espiritismo, Hinduísmo, Budismo e o Candomblé, embora eu não concorde nem pratique rituais que usam sangue ou vísceras de animais. Minha religião é a própria vida, é a Verdade.

Não curto rótulos, mas posso dizer que sou ecumênico, Espiritualista, e filtrei, retirei da minha lista particular de religiões, das que frequento e pratico, toda e qualquer crença que prega a competição, não poso aceitar crenças que fazem a pessoa se sentir culpada ou inferiorizada por não participar dos cultos. Deus está em toda parte!

Não creio em nenhuma ou em qualquer referência, muito menos à existência de um mal supremo, que estaria em guerra eterna com Deus. Passo de alto da dualidade escravizadora, e é o que aconselho.

Reuni tudo de bom, que encontrei em cada religião, com tudo de bom que encontrei na Umbanda, que é uma religião livre. Inclusive hoje me considero mais Espiritualista, ou uma espécie nova de cristão místico, como disse, não curto muito os rótulos, prefiro o conteúdo. Ou gosto do conteúdo, ou não, o rótulo faz pouca diferença. Mesmo porque eu mesmo já fui rotulado por várias vezes e os rótulos caíram com a tempo; já a verdade, essa sempre prevaleceu. Acredite, não há religião superior à verdade.

Olha gente, na Umbanda também não é diferente, por mera ilusão várias pessoas também acham que a Umbanda é melhor que essa ou aquela religião, também há disputa de vaidades, cometem-se os mesmos erros, infelizmente também existe a busca de poder pelo poder, satisfação material e acertos por magia, mistificando o que é lógico, prático e não necessita de poderes sobrenaturais para encontrar solução. Creio que, a cada mais, há uma maior aproximação da Umbanda com a ciência.

Não acho que a Umbanda é melhor que as outras religiões, como eu também não sou melhor que ninguém. Na Umbanda encontrei a liberdade total de culto, crença, sem me ver preso a dogmas ou teologias alienantes ou escravizadoras. Como também na filosofia do Budismo e no Hinduísmo encontrei semelhante graça e iluminação, as vezes me questiono, sou: católico, umbandista, espiritista, unicista?

Amo a Deus sobre todas as religiões, e amo a Deus sobre todas as coisas. Então tenho fé que minha religião é a verdade e o amor. Ou seja, minha religião é o próprio Criador.

Acredito na causa e efeito e vejo o pagão como aquele que não tem fé, não apenas a fé religiosa, em Deus. O paganismo, ao meu ver, seria não acreditar nem em si próprio. Termos fé em nós mesmos é essencial, é da fé em nós que nasce a fé no todo.

Jamais jugarei alguém como pagão, ou 'praticante do paganismo', por não compartilhar da mesma crença ou da mesma filosofia que eu. Talvez o pagão contemporâneo seja como são descritos os fariseus na Bíblia, pessoas que se utilizam das religiões apenas em proveito próprio, enganando os outros. Essas pessoas pensam que enganam os outros, na verdade estão enganando elas mesmas e provavelmente precisarão de reencarnações sucessivas para, de fato, aprender, ou não.

Pode acreditar, a verdadeira fé existe independente de qualquer sistema religioso. Até os céticos e ateus, acreditem, podem ter fé, acreditando em um poder superior, que equilibra e rege todo o cosmo, sem que para isso precisem manter um conjunto de crenças espirituais, dogmas, teologias, ou frequentar qualquer templo que seja. Como eu já disse, acredito na liberdade, e a escolha é livre.

Também existe aquele que se diz crente, e temente à Deus, mas na verdade teme o 'Diabo' e acha que essa suposta força do mal supremo é poderosíssima ... aí é outro tema a ser discutido, mas por enquanto prefiro apenas citar o que afirmava o ilustre e saudoso Padre Quevedo: "o Diabo? Icsto non ecziste!"

O dia em que deixarmos de nos cercear, esconder, temer, pertencer ou fazer parte dessa ou daquela religião, desse ou daquele partido político, de um ou de outro time de futebol com torcidas que se digladiam como se estivessem em um capo de batalha ... voltaremos a ser uma sociedade unida e cooperativa, com um objetivo comum, o progresso da humanidade como um todo.

Quando pararmos de tentar impor a pessoas inteligentes, como nós, e que todos nós somos — afinal, é por isso é que nossa raça é denominada homo sapiens, pois todos somos dotados de inteligência — uma determinada crença, filosofia, doutrina, ideologia ou sistema político; avançaremos então, conjuntamente, no consenso da verdade, que não é subjetiva, é única e imutável, é a união d a consciência com a ciência.

Quando enfim aceitarmos que a colaboração é que vale, e que a competição — que não seja aquela saudável, como a que existe nos jogos olímpicos ou na busca das grandes descobertas científicas — não vale nada; quem sabe nesse dia reinará a verdadeira paz no mundo. A cooperação é a chave para um futuro comum próspero e pacífico.

Reinando a paz vivemos no mundo que o Criador nos deixou como herança um paraíso terrestre. Para isso devemos deixar aquele mundo fictício, da competição, exploração insustentável, capitalismo predatório, subserviência, da repartição desleal das benesses e riquezas comuns, para trás.

A verdadeira e eficaz receita de combate às injustiças sociais, e, seus frutos amaldiçoados, é a cooperação, a união, a tolerância, a grata aceitação.

Quando acabar o conceito da competição desleal, naturalmente, a colaboração e a lealdade, é o que teremos.

Os recursos do Planeta Terra são limitados, esgotáveis, vivemos numa ilha em meio a um Sistema Solar deserto, inabitável à raça humana materializada. Só uma sociedade colaborativa terá sucesso e nos dará a chance de um futuro melhor para todos, e isso é ciência.

Acredito que quando alcançarmos as metas descritas na página anterior talvez o atual conceito de religião fará parte do passado. A religião enfim terá cumprido seu papel: religar o homem a Deus. Será a religião cósmica, que não contradiz a lógica ou a ciência, mas sim se une a elas.

Minha dica é, olhe para dentro de você. Procure Deus dentro, e não fora. O universo inteiro está dentro de você. Independente das religiões, a verdade é que cada um de nós tem seu sistema de crenças íntimo, particular, próprio e independente, esse sistema é nosso espírito.

O melhor de tudo é que a religião do futuro é cooperativa, segue o que Deus mesmo nos designou. "Crescei-vos e multiplicai-vos"... "Paz na Terra aos homens e mulheres de boa vontade."

O Buddha disse: "Agora Kalamas, não se deixem levar por relatos, por lendas, pelas tradições, pelas escrituras, pela conjectura lógica, pela inferência, por analogia, pela concordância obtida através de ponderações, por probabilidades ou pelo pensamento, 'Este contemplativo é o nosso mestre.' Quando vocês sabem por vocês mesmos que, 'Essas qualidades são hábeis; essas qualidades são isentas de culpa; essas qualidades são elogiadas pelos sábios; essas qualidades quando postas em prática conduzem ao bem-estar e à felicidade" - então vocês devem penetrar e permanecer nelas." (AN III.65)

E Albert Einstein disse sobre o Budismo: "A religião do futuro será uma religião cósmica. Deve transcender um Deus pessoal e evitar os dogmas e as teologias. Abrangendo ambos, o natural e o espiritual, ela deve estar baseada num senso religioso que surja da experiência de todas as coisas, naturais e espirituais, e uma unidade que tenha significância. O Budismo preenche essa descrição. Se houver alguma religião que esteja à altura das necessidades científicas modernas, essa religião é o Budismo."

Olha que a religião do futuro pode ser a Umbanda, como também pode ser o cristianismo, o budismo, o islamismo ou qualquer outra religião; ou ainda melhor, a reunião de todas, pregando a tolerância, a paz e a união entre todos os povos e raças, de todas as religiões. Interessante é que todas as teorias de Einstein têm sido comprovadas através do passar das décadas ... a religião do futuro pode ser real.

Uma vez perguntei ao Caboclo Akuan, chefe do Congá do Terreiro Pai Maneco, em Curitiba:

— Meu pai, a Umbanda é a união de todas as religiões?

Ele então me respondeu:

— "Filho a Umbanda é apenas mais uma religião, pense nela como uma estrela no céu, e cabe ao umbandista fazer ela brilhar mais."

Refletindo a respeito da resposta do seu Akuan, pode-se concluir que a intensidade do brilho da sua religião, está diretamente ligada aos seus seguidores, ao amor que eles tem por ela e o quanto de bem esse determinada segmento religioso faz e propaga. Entretanto também penso que se as religiões são como estrelas, estão todas no mesmo céu, estrelado, brilhando, e, apesar de nosso ponto de vista da Terra, uma brilharem mais e outras menos, todas estão contidas em um só universo, seja o visível ou até, indo mais além o invisível ...

Vistas da Terra, umas estrelas brilham mais, outras menos, mas elas estão a anos-luz do nosso planeta. A maioria das estrelas, que podemos observar, estão a milhões de anos-luz, a grande maioria das estrelas só pode ser observada, ou medida, por telescópios de alta tecnologia, poderosos, e são corpos celestes enormes.

Algumas estrelas podem parecer muito distantes e até pequenas, mas quando chegamos perto delas vemos que são estrelas de uma magnitude grandiosa. Verdadeiras gigantes.

Por exemplo, Sirius está a 8,6 anos-luz da Terra e é muito brilhante, tem quase o mesmo tamanho que o nosso Sol, mas em verdade são duas estrelas: Sirius B gira em volta de outra estrela, e sua companheira, Sirius A, é a rainha da noite.

O motivo do nome dado a ela 'rainha da noite', em parte, é pela quantidade de luz que ela emite: 23 vezes mais que o Sol. Por estar mais perto da Terra que Antares, Sirius brilha mais, mesmo tendo quase o mesmo tamanho que o nosso Sol.

Antares, no céu noturno, brilha menos que Sirius, mas tem um diâmetro de 700 vezes maior do que o nosso Sol, ou cerca de 1 bilhão quilômetros, mas está a 550 anos-luz do nosso planeta.

Já Betelgeuse (Alpha Orionis) tem um diâmetro 1.300 vezes maior do que o Sol. É gigante. Também brilha muito no céu noturno, mas vista da Terra, no ombro direito da constelação de Orion, não parece brilhar mais que Sirius, e, embora esteja a cerca de 700 anos-luz da Terra brilha apenas um pouco mais que Antares.

Pensando em tudo isso você não fica intrigado, curioso e ao mesmo tempo maravilhado?

Pense na grandeza do Universo e como somos pequenos em relação ao infinito, e, ao mesmo tempo grandes, ao despertar na consciência de que todo universo também está contido dentro de nós.

Tudo isso me faz imaginar que talvez as maiores religiões do universo também sejam invisíveis a olho nu, imperceptíveis ao pensamento linear e lógico; mas creio que usando a tecnologia natural, da qual todos somos dotados, que é o dom da espiritualidade, podemos percebê-las e sentir elas brilhando em nosso interior.

Nossa intuição nos faz ter a certeza que não estamos sós, a Terra não é o único planeta habitado. Certamente, se há civilizações mais adiantadas, e Deus é o criador de todo o universo, é bastante provável que nossos irmãos extraterrestres — sejam eles seres físicos ou espirituais — tem uma melhor percepção a respeito do Criador, e também muito provavelmente, por conta desse fator, uma religião única, cósmica, universal.

Esses seres mais evoluídos talvez não precisam mais de muitas religiões, como nos sistemas da Terra, pois a religião já cumpriu seu papel há muito tempo e, em verdade, nossos irmão e irmãs das estrelas já estão religados, ou seja, diretamente ligados a Deus, conectados diretamente ao Criador de tudo e de todos.

Da mesma forma, a sua, a minha, ou a nossa religião aqui na Terra, talvez, em verdade, pouco importe a sua grandeza física ou número de fiéis que possuí ... o tamanho não quer dizer que ela seja melhor ou maior que a outra, isso só quem pode dizer é Deus, a Inteligência Infinita, Criador e Arquiteto de tudo.

Jesus mesmo disse que no Céu há muitas moradas, e que Ele é o caminho, a verdade e a vida; que ninguém vai ao Pai senão através dele, ou seja, podemos interpretar que o caminho da verdade e da vida é que nos leva a uma maior intimidade, cumplicidade e interação com o Criador.

Esse caminho está dentro de você, está dentro de todos nós, na presença do aqui e do agora.

O Cristo cósmico, universal, é a divindade que, independente do sistema de crença ou do nome pelo qual é invocado, habita em todos, em tudo, e não apenas em barracões de madeira ou castelos de pedra.

Quanto a verdade, não há religião superior. A vida trata de nos dar o discernimento, o aprendizado, já, a intuição, a espiritualidade, nos mostra o caminho ... a maior jornada é, e, sempre será, a jornada interior que cada um de nós trilha no exercício pleno do livre pensar, do livre imaginar, do livre-arbítrio que nos é dado para viver e progredir sempre.

Então creio que a resposta é sim.

Sim, a religião do futuro pode vir a ser uma única religião, cósmica, cooperativa, na reunião de todas e de todos, que fazem parte de um mesmo universo, tanto do universo físico, quanto do universo sagrado da espiritualidade humana ...

-o-o-o-o-o-o-

Desprograme-se e Liberte a Sua Mente

Forme opinião e seja você a sua própria mídia

Não fique na apatia, informe-se sobre a verdadeira situação do mundo hoje, não feche seus olhos e ouvidos para as coisas que não se encaixam com o mundo aparentemente doce do nada fazer.

O mundo é similar ao que mostram para você nas superproduções midiáticas, mas esse não é o mundo real, ele é produzido assim para te confundir e fazer de você apenas mais uma peça no jogo do consumismo insustentável.

A realidade pouco ou nada tem a ver esses produtos midiáticos que são empurrados para todos nós através do sistema de lavagem cerebral, da repetição constante das propagandas veiculadas respetivamente, até a exaustão, pela grande maioria da mídia de massa, que também visa um lucro desmedido, ao invés de buscar uma meta salutar e sustentável, que garanta sua manutenção e lucro, sem que para isso precise comprometer o meio-ambiente e a sanidade de sua própria audiência.

Para criar, e fazer prosperar, um negócio insustentável, muitos acabam distorcendo a realidade através da prática metodológica da narrativa comercial sem limite ético.

O monomito, da trajetória do 'herói', é contado, e, recontado, desde a Grécia antiga ... a pessoa vive em um mundo natural, do qual é forçadamente retirada, então parte em uma jornada pela busca do elixir, do 'santo graal', e, no final, retorna, dessa vez corado de êxito, como um verdadeiro herói, ou heroína, ao seu mundo original, onde é amplamente aclamado e vive feliz para sempre.

É a narrativa da Odisseia, poema épico de Homero, reproduzida com diferentes universos, personagens e situações, um ótimo entretenimento, mas que pouco soma de benéfico à vida prática, do dia a dia, na trajetória comum do compromisso que todos temos com o futuro da raça humana na Terra.

Não tenho nada contra a diversão, mas não podemos deixar que nos confundam, ao ponto de misturarmos em nossas mentes a ficção com a realidade; que, muitas vezes, nos mostra um futuro distópico, como se esse fosse um futuro 'normal' ao qual toda humanidade estaria destinada.

Divirta-se, leia, veja filmes e séries, ouça músicas, mas aprenda a distinguir produtos edificantes de produções que tem como objetivo apenas vender ou distrair as massas para o que realmente importa no mundo, que, penso eu, deve ser a busca por um ponto de equilíbrio, em nome do bem-estar comum. A escolha é sua, é livre, mas certo é que saber não ocupa espaço.

Quando buscar entretenimento, procure buscar também interatividade. Experimente ler um livro, um texto edificante, uma boa história e formar você mesmo as imagens em sua mente. Adquirindo o hábito de leitura de obras edificantes, você estará colocando sua cabeça para funcionar. Pensando fora da caixa você estará melhor preparado para interagir em todos os seus relacionamentos interpessoais, sejam eles virtuais ou face a face.

Comente os vídeos que assiste, as postagens que você lê, não seja apenas um propagador de conteúdo criado por celebridades, também dê voz aos anônimos, deixe sua marca no mundo, mostre a todos sua opinião e compartilhe a opinião alheia que ressoa com a sua.

Tudo o que escrevemos e postamos na internet hoje, será motivo de análise e de estudo das gerações porvindouras. Estamos, agora, criando o amanhã.

Liberte-se dos padrões de consumo insustentável de bens e de conteúdo, que ao invés de te acrescentar alguma coisa, se você perceber bem, apenas quer te vender algo que você nem precisa, ou enfumaçar seu campo de visão, para intencionalmente prejudicar a sua percepção a respeito da verdadeira realidade que acontece além do seu campo de visão ou percepção atuais. Abra os seus olhos, seus ouvidos, aguce seus sentido, sua curiosidade e expanda a sua mente.

Para quê viver em um mundo de sombras se tudo é luz? Saia da caverna — mental, dos pensamentos repetitivos para os quais muitas vezes não há respostas —, a luz está brilhando lá fora — volte a viver no mundo real.

Quase tudo que você assiste na TV aberta é regulado por editores de conteúdo. Eles simplesmente vetam conteúdo que não é de comercialmente interessante, muitas vezes impedindo que qualquer espécie de conteúdo libertador seja divulgado, criando uma realidade audiovisual planejada, apenas com temas que os mesmos considerem relevantes ao clímax que desejam atingir na audiência para vender os produtos apresentados nos espaços comerciais.

Quase tudo o que é produzido, pelos grandes produtores de conteúdo, e, difusores da mídia de massa, é direcionado para a venda de algo que se você pensar bem, talvez, em verdade, nem precise.

Quem se atém apenas aos clipes de notícia divulgados pelos veículos comerciais, de manipulação das massas, pode não perceber a repetição da notícia, a necessidade que eles tem de repetir esse ou aquele fato, que as vezes é de pouca importância para você ou para a sociedade, enquanto assuntos de interesse público são compulsivamente descartados.

Essa repetição sem limites, de conteúdo tóxico, pode até gerar danos psicológicos na audiência, que também passa a ter pensamentos repetitivos.

Um exemplo bem atual, de como a mídia de massa, em especial a TV de sinal aberto — que depende da veiculação de propaganda comercial indiscriminada para sobreviver — são os alertas parcos, sobre a Emergência Climática que o mundo enfrenta. Embora se trate de uma informação de utilidade pública, essa informação relevante para a coletividade não é comercialmente interessante.

Para os grandes difusores de conteúdo aberto, não interessa comercialmente fazer alarde sobre a grave crise climática global, e, os consequentes eventos climáticos extremos, pelos quais o mundo está passando.

Torne-se bem informado sobre assuntos importantes, de utilidade pública, você se torna um ponto de referência para outras pessoas, um recurso intelectual valioso para a sua família e para a comunidade na qual você está inserido.

A Emergência Climática, por exemplo, talvez seja o assunto mais importante da atualidade, mas a divulgação em massa, clara e aberta, de suas origens e consequências, pode prejudicar a indústria, o agronegócio e padrões de consumo insustentáveis.

Os modelos de negócio ultrapassados — muitos deles nascidos junto com o advento da revolução industrial — se tornaram escravos da cadeia produtiva predatória, em busca venda ilimitada, pois sua ganância é desmedida. Isso faz com que esses mesmos produtores, cegos pelo ganho ilimitado, não vejam que estão comprometendo o futuro de seus próprios empreendimentos, ao comprometerem também, severamente, o equilíbrio ambiental, que garante o próprio ciclo do plantio, cultivo e colheita.

Todos os modelos de negócio precisam partir para uma cadeia de produção sustentável, que vise o bem comum antes do lucro desmedido, que por sua vez represa grandes fortunas, as quais, poderiam estar circulando.

O dinheiro não pode ficar represado pelo cassino global, ele precisa circular para poder ajudar a mitigar o sofrimento das camadas mais necessitadas da sociedade. Ou partimos para modelos de negócio e cadeias produtivas sustentáveis, ou corremos o risco de não haver um futuro para o futuro da humanidade.

Hoje tudo deve ser projetado, pensado e executado levando em conta a ecologia, ou seja, o impacto ambiental que a cadeia produtiva causa no meio-ambiente, e, a sustentabilidade, parece ser o único caminho a ser seguido para que o planeta não entre em colapso.

Não rejeite informação apenas porque ela eventualmente pode fazer você se sentir desconfortável. A reflexão, que compartilho aqui, e agora, com você, é importante, acredite. Leia, estude, pesquise mais, fuce na internet atrás do conhecimento sobre a natureza e a realidade dos fatos. Busque conteúdo salutar e relevante.

Desafie seus próprios pensamentos, crenças e ideologias ultrapassadas, busque e forme sua própria rede de informação, sua própria agência de notícias, sua própria opinião.

Nós somos o texto, nós somos a mídia.

-o-o-o-o-o-o-

Concentração, é Mesmo o 'X' da Questão?

Se em um passado não muito distante o dinheiro valia mais que a informação, hoje, com toda certeza informação vale mais que dinheiro. O capital do conhecimento é o bem que intangível que, a cada dia, ganha mais valor.

O próprio capital, que circula hoje no mundo, em grande montante, não é o tradicional papel moeda e sim informação, armazenada e distribuída em rede pelas instituições financeiras e carteiras de criptomoeda. O dinheiro se tornou informação.

Desde a Grécia antiga até os dias atuais, assistimos à oscilação da ciência, caracterizada por momentos de estabilização e de rupturas. Participamos dessas mudanças quando discorremos sobre questões do racionalismo, versus empirismo, versus construtivismo, ou quando confrontamos a ciência antiga com a ciência atual.

Entretanto, na esfera do conservadorismo, o conceito aristocrático, de hierarquia social, na ainda há os que mandam e os que obedecem, dentro do conceito de senhores e escravos, está ruindo com os grandes progressos científicos e tecnológicos.

Uma Nova Ordem Mundial está surgindo, para diminuir o injusto e torpe abismo social que a sociedade global, mesmo que conectada, ainda presencia, e, em parte, compactua. Estamos vivendo uma revolução social, dentro da revolução tecnológica, que promete trazer um capitalismo mais justo e sustentável, abandonando qualquer sistema baseado na cadeia predatória e selvagem do consumo insustentável e do lucro fácil, na troca de papel por papel que é diariamente promovida pelo cassino global.

O trabalho em equipe, dentro da boa prática cooperativa, vem gradativamente ganhando terreno. Dentro de um sistema cooperativo a hierarquia deixa de ser tão verticalizada, para se tornar mais linear.

Até que a inteligência artificial esteja o suficientemente evoluída para cuidar da gestão das coisas e dos sistemas. ainda se torna necessário haver alguém para organizar os sistemas e gerir, tanto a coisa pública, quanto a privada, mas a revolução tecnológica, hierarquicamente falando, já está colocando todos na mesma posição, de comando. Todos somos senhores de nós mesmos.

Não há ninguém melhor ou pior, não há senhores ou escravos na Nova Ordem, que claramente já anuncia o seu advento para as próximas décadas. Para o uso pleno e assertivo das

111

novas tecnologias, pelo indivíduo, a capacidade de concentração se torna cada vez mais relevante. Entretanto, tal qual os suportes de acesso à rede, também devemos ser multitarefa, ter a capacidade de nos concentrar em diversas atividades ao mesmo tempo.

Estamos todos usando cada vez mais o dedo polegar e o indicador para alternar janelas, usando a função ALT + TAB, trabalhando com várias janelas e aplicativos abertos ao mesmo tempo. Talvez seja por esse motivo que a natureza se adiantou à tarefa e presenciamos o nascimento de cada vez mais pessoas dotadas de hiperatividade.

Existem estudos que relacionam a hiperatividade com o sucesso online. Se há 10 anos crianças hiperativas eram consideradas problemáticas, rotuladas como portadoras de 'déficit de atenção', pois não conseguem focar em apenas uma tarefa ao mesmo tempo, hoje se sabe que elas têm melhor desempenho na internet e na lida com as tecnologias da informação.

Não vejo vantagem em mergulhar na primeira página de um livro e continuar imerso nele até o fim, se podemos ler vários livros ao mesmo tempo, dessa forma o conteúdo de uma leitura acaba interagindo no cérebro com o outra, uma completa a outra. A pessoa dotada de hiperatividade consegue fazer isso com facilidade, devorando e digerindo conteúdo como quem se alimenta com um prato colorido por diversos tipos de alimento diferentes.

Os hiperativos conseguem ler temas e conteúdos diferentes, e até divergentes, ao mesmo tempo, alimentando-se de uma forma virtuosa de toda informação que suas mentes necessitam para estar bem nutridas do saber.

Ler assiduamente, dois, três ou até quatro livros, ao mesmo tempo, inclusive pode ajudar as pessoas a evitar cair na hoje tão comentada 'ressaca literária', evitando o desinteresse, a estafa e a própria dificuldade de concentração, ao focarmos a mente em apenas um tema, ou uma tarefa por vez.

Vejo um diferencial nas pessoas capazes de ler dez livros ao mesmo tempo, de forma dinâmica. Elas tem um dom, são pessoas com uma espécie de poder diferente. Elas tem facilidade em assimilar conhecimento diversificado, sem perder tempo e sem 'criar gordura'.

Nossa capacidade de concentração, quando conectados a internet, exige estarmos ligados em vários temas distintos ao mesmo tempo, a vários sites, plataformas e aplicativos simultaneamente, e quem consegue fazer isso com facilidade acaba se sobressaindo.

É aí que acontece uma quebra de paradigma no modelo aristocrático tradicional, no qual os mais velhos ensinam os mais novos. Hoje vemos muitas mães e pais aprendendo com seus filhos. Muitos patrões aprendendo com empregados. Muitos professores aprendendo com alunos.

Também existe o escravo digital, que é o mesmo escravo de sempre, tal qual como os cativos da caverna de Platão. Apenas a caverna foi ganhando novas tecnologias, entretanto os cativos continuam os mesmos, desde que o célebre filósofo da Grécia antiga os definiu.

Os escravos digitais são pessoas que apenas aceitam o conteúdo que lhes é empurrado, sem fazer questão interagir efetivamente ou trocar de plataforma, como por exemplo as pessoas que se atém a ficar ligadas por horas em apenas um canal de televisão, presas a uma só bolha ideológica, ou com a atenção voltada apenas à uma determinada rede social. São armadilhas tecnológicas que acabam aprisionando os incautos, ao invés de libertá-los.

-0-0-0-0-0-0-

Reality? Isso é Mesmo Real?

Qualquer um que fica olhando para sombras, projetadas em uma parede, o dia inteiro, acaba tolhendo a si próprio de produzir algo de valor indispensável à humanidade, através do consciente coletivo formado a partir da sociedade global conectada, limitando-se apenas a compartilhar conteúdo alheio e produzindo um entretenimento de baixo valor agregado, para outros cativos iguais a ele que estão presos à mesma bolha ou algoritmo.

Nada contra o entretenimento de qualidade, e que não é produzido de forma capciosa, no intuito de influenciar na opinião e nos hábitos de consumo da sociedade de forma desleal. Inclusive os diversos canais de streaming, de vídeos ao vivo e sob demanda, que tem um custo relativamente acessível à maioria das pessoas, proporcionam isso, conteúdo de qualidade que está liberto da produção de conteúdo comercial, de propaganda, pois já cobram uma mensalidade, com valores módicos, de seus usuários, ganhando dessa forma maior liberdade na produção de conteúdo livre.

Alguns programas da mídia tradicional — que hoje migra velozmente para o streaming — até são bem úteis e divertidos, alguns inclusive com conteúdo nobre e didático, mas ainda são dependentes da propaganda comercial, seja politica, de produtos, bens ou serviços, que na verdade não estão sendo vendidos, mas, ao meu ver, empurrados para a audiência que acaba sendo confundida em sua capacidade de livre escolha, ao sentir necessidade em fazer parte de um determinado grupo de consumo.

Já os conteúdos edificantes, livres da necessidade de tentar vender alguma coisa ou alguma ideia, nos ensinam muita coisa, tirarmos a cabeça dos problemas, nos divertimos, aguçamos nossa curiosidade, expandimos mente, ao mesmo tempo em que sonhamos acordados com aquele universo de fantasia das superproduções.

Quando uma mente é expandida ela não retorna jamais ao seu estado original de atrofia. Libertem-se os que ainda se encontram cativos ou obcecados por esse ou aquele canal de televisão, plataforma de streaming, rede social, jogo eletrônico, estilo literário, ideologia política ou crença espiritual. Temos muito o que aprender, muita cultura e entretenimento diversificado e disponibilizado em rede, em tempo real, basta acessar oque você quer ver, e, esquecer um pouco, daquilo que querem que você veja.

A mídia de massa atém tem produtos de boa qualidade artística e intelectual, mas também por outro lado as vezes não passa de uma tela idiota no meio da sala, pois eles infantilizam a audiência com o velho truque da aristocracia, onde o pai, obrigatoriamente, sempre tem que sabe mais que o filho. Toda forma ou meio de controle das massas deve ser identificada e evitada, pois ao invés de expandir acaba atrofiando a mente do seu público.

Alguns programas da antiga e cambaleante televisão aberta e rádios comerciais, que teimam em se atualizar sob a demanda exigida pela Nova Era, são escritos por roteiristas muito hábeis em mexer com as emoções e as sensações humanas, e, inclusive, muitas vezes são usados para atingir resultados obscuros, seja na área comercial ou política.

A mídia jurássica, por ser ainda muito popular, acaba usando de suas prerrogativas para interferir no julgamento de importantes figuras do poder e influenciar na compra de bens móveis e imóveis, tangíveis ou intangíveis, dos quais você não precisa para viver, e, muito menos, para ter manipulada a sua própria liberdade de escolha no que você realmente quer e precisa para sua vida e o bem da comunidade na qual você está inserido.

A maioria da programação — o nome já diz tudo 'programação' — transmitida pelas grandes emissoras de televisão de sinal aberto, ou a cabo, depende de anunciantes e verbas públicas, para veiculação de propaganda comercial. É a propaganda, essa espécie de lavagem cerebral consumista que tentam fazer nas pessoas, que garante a cobertura dos custos operacionais, despesas de produção e grandes lucros da mídia de massa. Para garantir altos lucros, essas empresas acabam criando verdadeiras armadilhas mentais.

Uma grande armadilha mental são os *reality shows*. Programas, os quais a maioria é de competição, divide as massas, e tenta implantar rituais consumistas em sua mente. Assista o que você quiser, não estou aqui levantando uma bandeira contra o entretenimento barato ou a grande mídia, apenas tento abrir seus olhos.

Liberte-se desses rituais, que acabam gerando padrões de consumo insustentável e a polarização da sociedade.

Afinal, se você souber aonde está a armadilha, você só cai nela se quiser. Lembre-se, você tem a capacidade de acompanhar vários conteúdos ao mesmo tempo, expandindo a mente e não atrofiando-a em apenas um produto midiático pelo qual você pode até ficar obcecado, sem ver ou perceber mais nada do acontece ao seu redor. A verdadeira revolução não é televisionada.

Os rituais criados pelos meios de comunicação, seja no modelo de 'ídolos' ou 'campeonatos desportivos', são produzidos com a intenção de subverter a resistência aos padrões de consumo exigidos pela sociedade de consumo, por um sistema onde o foco está no ter, e não no ser.

Os *reality shows* são o maior exemplo da técnica que eles utilizam para dividir, influenciar e cativar a audiência. O mais esquisito é que essas mesmas celebridades instantâneas, criadas pela grande mídia, acabam também ganhando repercussão nas mídias sociais, digitais, viram notícia, embora tenham na realidade pouca ou nenhuma importância que não seja o entretenimento barato que ainda gera lucros milionários para os donos das emissoras, enquanto você só ganha uma diversão efêmera. São programas criados com a intenção de absorver a ansiedade do povo explorado, que se vê refletido nessa ou naquela celebridade instantânea.

Reality shows de televisão, como 'Master Chef' e 'Big Brother', são produzidos com a intenção de criar uma falsa e suspeita comunidade.

São espetáculos midiáticos de péssimo gosto, com propósitos duvidosos, até obscuros, que ensinam as pessoas a desconfiar de seus pares para ganhar prêmios dos patrocinadores, e, no final, quem vence é agraciado com um grande prêmio em dinheiro.

Programas como o *'Big Brother'* são dispositivos perversos, concebidos para preencher os corações vazios das pessoas com medo e paranoia.

Quem luta e sonha com um mundo melhor, deve evitar todos os pensamentos paranoicos, o sistema não é onisciente ou que tudo vê, na realidade o sistema é muito frágil e nós é que o observamos.

A grande mídia é muito astuta, ela mede a sua audiência, traçando seu perfil sócio econômico, educacional; os lugares que você frequenta e os produtos que você consome ... de modo geral, armazena e processa o maior número possível de informações, sobre você, para usar em favor deles.

Quem quer ainda ver no mundo uma mudança, a nível global, que faça as pessoas focarem nas coisas realmente importantes, como o preço dos alimentos, o custo de vida, a Emergência Climática, e a escolha de parlamentares e governantes realmente comprometidos com a justiça social, sustentabilidade, meio-ambiente; com uma maior equanimidade, acesso à saúde e à educação de qualidade para todos — dentre outros pontos importantes para o desenvolvimento saudável das nações — tem que aprender a investir energia na busca de conhecimento para a criação de novos rituais, sustentáveis e que prezem pela transparência; reequilibrando assim o ecossistema social, ao invés de reforçar um aparelho ultrapassado que desequilibra a revolução social, dentro da revolução tecnológica, a qual veio para libertar e não para criar uma nova espécie de escravidão.

Conecte-se, se Ligue, não Existe Planeta 'B'!

Preserve suas energias vitais para o que mais importa: salvar o planeta da destruição, e lutar, intelectualmente, para que haja uma melhor distribuição das riquezas comuns que a Terra nos oferece. Assim poderemos garantir um futuro para o futuro do planeta. Um futuro para as próximas gerações, para nossas filhas, filhos e seus descendentes ...

Saber olhar pela janela da vida real e processar as informações é tão importante quanto quando falamos da janela virtual, do universo digital.

Como a informação está ao alcance de quase todos, precisamos saber usá-la também na prática, fora do ciberespaço, a informação e o conhecimento tem um grande poder de transformação.

Estou desde 1995 na Internet e vejo claramente as mudanças que o mundo virtual já promoveu no mundo material, e até no espiritual. O acesso à informação, à cultura e ao conhecimento foi amplamente democratizado.

A rede mundial transformou e continua transformando profundamente a sociedade, em uma velocidade jamais antes registrada. Viramos uma aldeia global totalmente conectada.

Hoje todos somos prossumidores, consumimos, e também produzimos conteúdo. Se a revolução industrial escravizou o trabalhador na servidão que pode durar toda uma vida, a revolução tecnológica tem o poder de libertar as pessoas dessa subserviência.

Vivemos uma revolução — social — dentro de outra revolução — tecnológica —, e tudo isso está transformando o mundo e a forma como o vemos.

A verdade, penso, é que nos dias de hoje só é ou se torna escravo da mídia quem quer. Ingressamos em uma era na qual, dentro em breve, não mais irão existir senhores nem escravos.

Na Era da Informação e do Conhecimento, a tendência é uma maior equalização entre as classes sociais. A internet é o espaço mais democrático já criado desde a ágora da Grécia antiga.

Conectar é ligar e não separar. A sociedade conectada caminha para a consciência coletiva e quem quiser continuar sendo 'senhor de escravos' arrisca ficar no caminho, ser isolado, deixado para trás. Lembre-se de que todo *input* gera um *output*.

Havendo senhores e escravos o fluxo de informação não flui de maneira natural, não há interatividade plena, isso é pura lógica.

Se é tempo de evoluir, passa da hora de despertar! Na aldeia global, conectada em rede, não há mais lugar para líderes autoritários, o poder está nas mãos do povo e de alguns magos que querem ver seus semelhantes livres, de uma vez por todas, da subserviência e da escravidão mental.

No mundo conectado em rede o que vale é o conceito de interatividade, um todos e todos um. Vivemos hoje numa só aldeia conectada.

Como devemos evitar as armadilhas mentais de produtos midiáticos que oferecem prêmios em dinheiro pra que as pessoas concorram entre elas — muitas vezes inclusive sem nenhum *fair play*, ao usar de trapaça e mentiras para ganhar um jogo. Também devemos evitar algoritmos aprisionadores e redes sociais viciantes. Evite as chamadas bolhas criadas por algoritmos ... fure as bolhas e rejeite as notícias sensacionalistas e falsas!

A informação parte de você, do seu vizinho, da sua família, amigos, dos seus contatos nas redes sociais ... as barreiras culturais, religiosas e linguísticas estão caindo, ao passo que a grande aldeia global vai se consolidando.

Se existe mesmo um Deus — particularmente acredito que sim —, e que todos temos a divindade habitando nosso interior, Ele é o mesmo para todos, independente da religião somos todos irmãos e irmãs de jornada na Terra, e, com toda certeza, foi Ele quem permitiu ao homem criar a internet.

Uma das primeiras coisas que escrevi na rede, em meu primeiro site, que publiquei em 1995, foi:

"Deus permitiu ao homem criar a Internet como um laboratório, preparando a humanidade para a queda de todas as barreiras"

Precisamos nos concentrar e pensar além do nosso próprio crescimento pessoal, devemos crescer juntos, nos desenvolvendo e nos ajudando mutuamente, coletivamente.

Precisamos fomentar o desenvolvimento coletivo, em condições e oportunidades iguais para todos, abrindo os olhos uns dos outros, e, assim, juntos, salvando o planeta Terra da destruição.

Informação verdadeira, limpa de armadilhas e gatilhos mentais, e, conhecimento, propagado de forma transparente e democrática, são indispensáveis.

Coloque em sua meta o que lhe for verdadeiramente útil, essencial, e, é claro, no que for útil aos que estão próximos de você, estimulando para que esses, por sua vez, hão de seguir o exemplo dos demais que desejam ver um futuro próspero e glorioso para a nossa casa comum, que é o lindo planeta no qual todos habitamos

Crie, invente, escreva, anote tudo, e não seja egoísta. Compartilhe, divulgue, interaja positiva e construtivamente. Essa coisa de senhores e escravos, esqueça, deixa para os anos de trevas que a humanidade viveu nos séculos passados.

A lógica deve ser usada para o bem pensar e o bem-estar comum, direcionada ao que é para o benefício de todos, e não para satisfazer apenas os desejos egoísticos de alguns poucos.

O planeta Terra, e os recursos que ele nos oferece, quando explorados de maneira predatória e insustentável, não são inesgotáveis, e, quando explorados de maneira predatória se torna um assalto à nossa riqueza comum, que são os recursos naturais, um patrimônio de toda a humanidade.

Deixe os velhos conceitos de poder para a velha política e para a velha mídia; deixe-os no vácuo, falando sozinhos. Hoje eles estão tentando se equilibrar numa corda bamba, esticada sobre o abismo da ganância desmedida, e isso não é problema nosso, é problema deles. Afinal, foram eles mesmos quem criaram esse abismo social enorme, e só agora começam a despertar para que o que fizeram é insustentável e desumano.

É hora de romper com paradigmas ultrapassados, preconceitos, tabus e qualquer forma de pensamento reacionário. A revolução é toda baseada no amor mútuo.

Desprograme-se e liberte a sua mente! Conectados somos UM, uma só aldeia global, um só povo. Juntos podemos muito, podemos vencer.

-o-o-o-o-o-o-

Nota do autor: Os poemas 'Imensidão Azul', 'Ano Novo e 'Ventania', foram escritos em 1996 ...

Sem você amiga leitora e amigo leitor, não haveria sentido em realizar a presente publicação, na qual apresento, através desse coquetel literário, meus poemas, frases, contos e pensamentos. Em cada página, um pouco mais da magia libertadora que fui aprendendo com o passar dos anos ...

Gratidão meus queridos, somos todos irmãos e irmãs, compartilhando de uma mesma casa comum, que vaga na imensidão cósmica do Universo, rumo ao infinito ... um pálido ponto azul que merece ter o seu brilho pleno restaurado. Meus textos antigos foram adaptados, para fazer parte da obra, visando sua melhor compreensão e cumprir o papel de mostrar que existe, em cada um de nós, algo maior do que nós mesmos conseguimos ver. A magia está no ar, há magia em toda parte. Nós somos a magia!

Axé: a emanação cósmica do poder dos Orixás.

Namastê: expressão indiana de 'olá', que quer dizer: 'a divindade que habita em mim, saúda a divindade que habita em você'.

www.ingramcontent.com/pod-product-compliance
Lightning Source LLC
Chambersburg PA
CBHW061353250726
48657CB00004B/1477